『日本学术文库』

翻译与近代日本

〔日〕丸山真男 加藤周一 著

陈力卫 译

Masao Maruyama and Shuichi Kato
HONYAKU TO NIHON NO KINDAI
© 1998,2011 by Tokyo Woman's Christian University and Yuichiro Motomura
Originally published in 1998 by Iwanami Shoten, Publishers, Tokyo.
This simplified Chinese edition published 2024
by The Commercial Press, Beijing
by arrangement with Iwanami Shoten, Publishers, Tokyo

中文版据岩波书店1998年版译出

国内编委会

主编　王仲涛

顾问（按姓氏笔画排列）

　王晓秋　卞崇道　叶渭渠　刘德有　汤重南

编委（按姓氏笔画排列）

　刘克申　何培忠　张明国　周维宏　谢跃　翟新

国外编委会

主编　刘迪

顾问

　加藤周一　大西健夫　小口彦太

编委

　陈力卫　林少阳　吴卫峰　崔保国

编者序言

中日两国一衣带水,文化交流源远流长。早在古代,日本尚未进入世界大多数国家人们的眼界,中国史书《汉书》、《后汉书》、《三国志》等史籍就予以记载,不特留下了珍贵的史料,而且也是研究日本古代史唯一的文字资料。其时,四大文明之一的中国文明光耀世界,领袖东亚。古代日本举国一致,倾力学习中国,引进中国的文字、宗教及典章制度等,曾几何时,便为一文明国家,故谓中国文化是日本文化的源流并非过言。中世纪时日本仍旧关注中国,继续吸取中国文明,并形成自己独特的文化。而中国却很少学习、研究日本,及至江户幕府,日本行闭关锁国之策,中国和日本的交流几至中断。

千余年来,两国的交流与相互研究的这种不均衡,固然与中国为东亚文明中心,而日本处于边缘的位置有关,但也和两国朝代更迭,对外政策变化频繁不无关系,此可为前车之鉴。

19世纪以降,西力东渐,近代思想文化、科学技术传到亚洲,日本得风气之先,仿效西方,断行明治维新,一举成为东亚最初的近代化国家。同时吸收西方近代文明,参以本土文化,成就了具有自身特色的近代日本文化。第二次世界大战后,帝国日本败亡,日本的思想、学术摆脱了法西斯文化专制的桎梏,焕然一新,百花齐放，硕果累累，并涌现了不少世界一流的学者或思想家，为世界所瞩目。

反观清末以来的中国，列强肆虐，国将不国，仁人志士痛定思痛，欲效仿日本，实现近代化，救国于危亡之中，故大批中国学子赴日留学，攻读近代法政、科学等课目，归国后给中国带来了改革图变的新风。虽然他们学习的是西方近代科学，但也将日人的社会科学、文学作品大量翻译、介绍到中国；而对日本的研究则出现了黄遵宪这样的大家。但当时中国形势动荡，加之战祸频仍，故日本学术著作的翻译既未能形成规模，也没有构成体系。

自中华人民共和国建立以来，特别是实行改革开放政策以来，中国与各国的文化交流方兴未艾，尤其是学术著作的翻译空前昌盛，蔚然大观。但与译介欧美著作相比，对东方各国，包括日本的学术著作的译介相对薄弱，这是中国对日本整体情况缺乏系统了解，其研究远不及欧美的原因之一。中国是最先知道日本的国家，而今却落人之后，不能不使有识之士为之扼腕。

商务印书馆自开馆以来，以开启民智为己任，百年来倾力移译各国学术著作，积累丰厚。其中，所译日本各类书籍不下百余种。但囿于时代与环境条件等，许多名著未能译出，尤其是日本古代的思想学术著作少之又少。

有鉴于此，商务印书馆和日本早稻田大学合作，欲翻译出版日本古往今来之社会科学经典名著150种，尽其所能将日本学术精萃尽收网罗，差可弥补往日翻译之不足。

"他山之石，可以攻玉"，此次大量翻译、引进日本学术名著不仅可借鉴其理论及方法论，开拓我国学人之识见，且可较为深刻、系统地了解日本历史、国家、社会、民族及目前的学术状况,俾使中日两国人民加深互相理解。

本丛书所选原书皆为经典名著,且译者也为各相应领域中的专家,每种书前均有专家导读,注释亦求详备,一般读者当会因此获益。

本丛书虽规划为150种,但随着学术进步及今人眼光改变,难免再做补充。我们志在使这套丛书尽善尽美,少留或不留遗憾,为此呕心沥血,在所不辞。然自谓才疏学浅,汲深绠短,不免疏漏错讹,如蒙方家指正,则不胜荣幸。

王仲涛

刘 迪

2005年12月

翻译铸就了近代日本
——《翻译与近代日本》导读

一

这本将由商务印书馆出版的《翻译与近代日本》是以岩波新书1998年版为底本翻译的,原著作者是日本知识界两位最杰出的代表人物:丸山真男和加藤周一。正如岩波书店编辑部所写的出版说明和加藤周一后记中所述,该书源自二人共同编辑"日本近代思想大系"第15集《翻译的思想》期间,加藤前往探望病中的丸山时就相关问题的交谈讨论,可以说是基于两位学者就翻译及其背景问题所做的问答式谈话记录整理出来的一个副产品。

仅看标题,读者可能会以为这是一本讲述翻译史的书。曾经有朋友建议将标题顺序反过来译作"近代日本与翻译"更符合本书的内容。这么说不无道理。从本书内容看,这实际上可以成为关于日本近代史,也可以说是日本近代思想史的简明入门书。日本思想史何以那么重视荻生徂徕?为何福泽谕吉的影响如此巨大?再看近代史,为什么要打着尊皇攘夷的口号推翻幕府?为什么盛行一时的自由民权运动会失败?而日本又是如何走向国家主义的？围绕这些问题，当时日本最负盛名的两位思想大家一问一答，娓娓道来，提纲挈领地将历史变化节点上知识人所起的作用一一列举，而其中很重要的部分，即是作为近代思想史的一环，近代日本的转型过程，特别是从接纳朱子学的时代转向吸收西洋学说这一历史变迁中，知识人通过翻译所作的贡献。

那么，这种贡献究竟该怎么评价？这就涉及日本翻译史的核心问题，归根结底就是加藤最后所总结的三个问题:翻译的目的何在？翻译什么？如何翻译？

"翻译与近代日本"（日文版）　　"翻译的思想"日文版

二

全书分为四章，Ⅰ.翻译文化的到来；Ⅱ.译什么？如何译？

Ⅲ.《万国公法》的翻译；Ⅳ.翻译对社会文化的影响。第一章主要论述近代以前日本有识阶层的观念，其核心内容为日本如何吸纳与改造中国的思想文化，建立自己的思想体系，摆脱中国儒学的束缚。这一部分是丸山最擅长的领域，他于1952年出版的第一本专著《日本政治思想史研究》(王中江译，生活·读书·新知三联书店，2000年)就聚焦日本儒学史的发展以及中日儒学的差异。本书中亦多处可见与当时中国的比较，如日本儒学较之经学更重视史学，论述中似都以中国作为参照，其对比的结果则多显示出当时中国固步自封的一面。

从日本历史看，为何日本近代会出现尊皇攘夷？之后又如何迅速演变为倒向西化？这首先要看大的时代背景。1854年佩里舰队叩关后，幕府未经天皇许可便签订了《日美和亲条约》，开放口岸，遭到以水户藩为主的地方诸侯的强烈抵制。至1864年，即明治维新的三年前，因为主张开国，连一介藩士佐久间象山都遭暗杀，可见当时同仇敌忾抵抗洋人的社会气氛。就在同一年，英法荷美四国联合舰队炮击下关，长州藩溃败后人们顿悟，在幕府治下所谓的攘夷是不可能成功的，于是马上接近英国，购买武器增加军备，调转枪头向幕府。明治中期的中国驻日公使黎庶昌也惊诧于当年这场倒戈之快，他在给冈千仞《尊攘纪事补遗》(1884年)作序时曾写道："私独怪当时士大夫，以'尊攘'为名，气锐甚，既摈德川氏不用，意必扫境攻战，尽反幕府所为，申大义于海内，乃不旋踵。明治改元，即举向所攘斥者，一变而悉从之，而水户之论，绝不复闻，推移反掌，何其速也！"

从思想史上看，便是荻生徂徕对朱子学的批判和将中国相对化的过程。涉及他的研究很多,韩东育的两本论著《从"脱儒"到"脱亚"——日本近世以来"去中心化"之思想过程》(台大出版中心,2009年)和《从"道理"到"物理"——日本近世以来"化道为术"之格致过程》(台大出版中心,2020年),即为探讨荻生徂徕"知己知彼"地接受和颠覆汉学过程的力作。本书则从最基本的语词诠释出发,看徂徕是如何认识传统汉文训读的弊病,把汉文视为外语,建立起自己对中日语言差异的独特的观察方法。

第1章的最后主要是解释翻译了什么。因为这个问题比较宽泛,书中直接借用《译书读法》(1883年)一书的内容给出了答案,这是矢野龙溪为他家乡的一群喜欢读书的人写的一本小册子。告诉人们读西学书的方法,首先要从哪些读起,哪些比较易读,哪些比较难懂,同时也给出了书目。通过这本书,我们即能了解到明治十年代当时日本翻译西书的概况。

《译书读法》

矢野龙溪

在这本出版于明治十六年(1883)的书里,矢野龙溪的友人为他作序,号称日本已翻译出版书籍"其数几万卷",但实际上的数目并没有那么多。据山冈洋一调查,自明治维新的1868年到1882年的15年间约出版翻译书籍1500种以上(山冈洋一:"有关翻译的断章",《翻译通信》第2期,2004年3月号),而矢野龙溪自己也说是调查了"内务省图书局总译书目录记载的数千部书"后的结果,当然在《译书读法》中没有介绍那么多。其"必读书目"按以下分类来介绍翻译书:地理、历史、道德、宗教、政治、法律、经济、礼仪、生理、心理、逻辑、物理、化学、动植物、天文。比如,历史类有《英史》;宗教类有《旧约全书》和《新约全书》;政治类有《自由原论》《立法论纲》;经济类有《经济论》;生物学有达尔文的《人祖论》;社会学有斯宾塞的《社会学》、穆勒的《利学》和《自由之理》;传记类有《西洋立志编》。之后是杂书,所举的是以下几个方面:进化论、文明史、社会学、乱世史、游记、小说[①]等。

由此书我们很容易联想到梁启超的《西学书目表》(1896年),其中也附有一节"读西书法",再有就是梁亡命日本后还有一篇《东籍月旦》稿,内容上跟矢野龙溪《译书读法》很相似,也是讨论读书先后顺序问题:"今我国士大夫学东文能读书者既渐多矣,顾恨不得其涂径。如某科当先,某科当后。欲学某科必不可不先治某科。一科之中,某书当先,某书当后;某书为良,某书为劣。能有识抉择者盖寡焉。同学诸子,怂恿草一书以饷来者。"这两者之间当是有

[①] 小说只介绍了九种,矢野自己写的《经国美谈》固不用说,此外还有《伊苏普物语》《全世界一大奇书》《八十日间世界一周》《月世界旅行》《虚无党退治奇谈》《鲁敏孙漂流记》《真段郎兰传》和《花柳春话》(以上为日文题目原录于此)。

关联的。我在十几年前曾经就此做过一个报告,专门谈梁启超的《西学书目表》《东籍月旦》与矢野龙溪《译书读法》之间的关系,这方面涉及学科分类等问题,可以参看章清的研究"'采西学':学科次第之论辩及其意义"(《历史研究》2007年第3期)。[①]

《东籍月旦》一文直面中国现代学科形成过程中一个关键问题:既然有众多的学科,应该如何抉择?这些学科的关联又如何?在梁看来,治学须先治普通学,包括伦理[②]、国语及汉文、外国语、历史、地理、博物、物理及化学、法制、经济等,"以上诸学,皆凡学者所必由之路,尽人皆当从事者也"。而"除国语汉文一科,我国学者可勿从事外,其余各门皆不可缺者也。大抵欲治政治学、经济学、法律学等者,则以历史、地理为尤要;欲治工艺医学等者,则以博物理化为尤要。然非谓治甲者便可废乙,治乙者便可废甲也。不过比较之间,稍有轻重而已"。这等于是告诉我们近代转型过程中的基本步骤,与矢野龙溪所起的作用相同。

矢野龙溪这个人算是福泽谕吉的弟子,既当过记者、写过小说,又当过国会议员,还有过外交官的履职经历。从1897年起担任两年驻清国公使,期间发生了戊戌政变,其与康梁的关系也值得再考,同时他也对开放中国人留学日本做出了贡献。丸山真男在评价他时,说过一句有名的话:他是一个"普遍人"。亦即我们说的

[①] 后收入章清:《会通中西:近代中国知识转型的基调及其变奏》,社会科学文献出版社,2019。

[②] "中国之所谓伦理者。其范围甚狭。未足以尽此学之蕴也。"梁启超这里的伦理还包括"对于社会之伦理;对于国家之伦理;对于人类之伦理;对于万有之伦理"。也就是涵盖了宗教、哲学、美学、思想等方面。

多面手,什么都能来两下,却不是一个独当一面,以某种毅力和恒心创建让人难以忘怀的事业的人。但家乡人还是很惦记他,《大分县先哲丛书 矢野龙溪》(松尾尊兊监修、野田秋生著,大分县教育委员会发行,1999年)为他立传时当然也考虑到这一点,对他在各方面所展示出的才艺作出了公允的评价。加藤当然对他评价很高,说他不仅仅是政治小说《经国美谈》的作者,正是在注意到东西学术分类的差异上独具慧眼,由此我们可以看出西方思想对近代日本知识人所予以的最为深刻的影响。

第 2 章主要围绕译什么、如何译展开,首先介绍江户儒学与中国儒学的不同。亦即日本人在理解和吸收儒学后出现的与中国不同之处,比如,较之经学更重历史,在各个思想脉络中先要理解消化汉学概念,再拿这些概念去对译西洋概念。所以,虽然刚开始时不完全对应,但经过多次诠释后就逐步细化、趋于一致了。由此呈现出中日间的不同对应:如"自由""异端""物理"等词在日本一旦将之对译西学,就与原有的儒学概念有所切割(汉学家当然有反对的),而我们中文里则延续着传统意义,对新译的概念将信将疑,可能在传统和新译之间一直摇摆下去。

实际上,日本早期的翻译也多与中文相关。比如,本章中不仅提到了约翰·穆勒(John Stuart Mill)的《论自由》,同时矢野龙溪《译书读法》也提到他的另一本《功利主义》(*Utilitarianism*)早已由西周译为汉文体的《利学》,出版于明治十年。这一汉文译本清末传入中国，最近亦有李青在这方面的研究。① 我手头有本为莘莘学子编辑的作文书《文法指南》（土居通豫编，明治十九年（1886），*Elementary Composition with Various Examples and Many Useful Words*），其中竟也有 *Utilitarianism* 的英文部分摘录配以西周的汉文译文，用来作为英译汉的范本。此外该书还同时收录了《大学》《中庸》的两段文章来对译英文，作为汉英对照的样板。据该书凡例说明，因某校开设英文科，故为学生选编了一些英汉对译作品作为范本。可见早在 1886 年，日本的学校已尝试将英

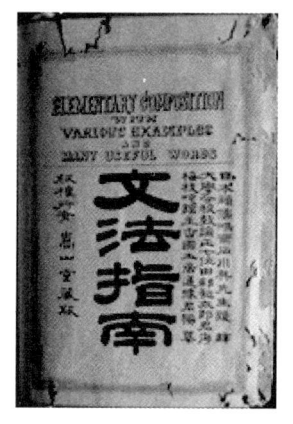

汉、汉英对译作为学生的作文练习内容之一。这其实也是促进用汉语语词翻译西文的一种训练。

丸山真男和加藤周一都是精通数门语言的思想家，加藤学医出身，还精通拉丁语等医学术语，他们在第二章里谈到西方思维框架下的概念表述该如何通过翻译转换成日语的问题，比如"因果关系""就中律"等，给我的启示是，这直接关系到语言逻辑表达的欧化过程，其实翻译史上的文本分析都可以作为欧化的一种验证。而再往后至 20 世纪初，赴日留学的中国人又通过翻译日语，将这种欧化的日语搬到中文里去，这也启发我写了一篇《汉语欧化过程

---

① 同济大学博士学位论文《"功利主义"概念史研究——从英国、日本到中国》，2019 年 12 月。

中的日语因素》(《文汇学人》2018年1月5日)的文章。同时,众所周知,日本翻译的新词新概念也为中文输入了新的思想,王国维在"论新学语之输入"(《教育世界》第四期(总第九十六号),1905年2月)一文中说:

> 言语者,思想之代表也,故新思想之输入,即新言语输入之意味也。十年以前,西洋学术之输入,限于形而下学之方面,故虽有新字新语,于文学上尚未有显著之影响也。数年以来,形上之学渐入于中国,而又有一日本焉,为之中间之驿骑,于是日本所造译西语之汉文,以混混之势,而侵入我国之文学界。好奇者滥用之,泥古者唾弃之,二者皆非也。

也就是说,中国自己的翻译多"限于形而下学之方面",如江南制造局的机械、化学方面;相比之下,日语译词则倾向"形上之学",即人文社会科学方面的译词较多。① 这一点在该章中也反映得十分明显。

第3章内容为《万国公法》专论,这源自其在日本近代史上的重要地位。原著是美国人惠顿(Henry Wheaton)出版于1855年的代表作 *Elements of International Law*,由来华传教士丁韪良(W. A. P. Martin, 1827—1916)翻译为中文《万国公法》,1864年

---

① 据郑大华"论民国时期西学东渐的特点"(《中州学刊》2002年第5期)一文统计,1860—1900年40年间,共出各种西书555种,其中自然科学162种,占总数的29%,应用科学225种,占总数的41%,两者合计387种,占总数的70%,而社会科学只有123种,占总数的22%,其他45种,占总数的8%。

在北京出版后,迅速传遍亚洲各国。之后日本、朝鲜、越南、蒙古均有译本,其传播不仅促进了历代中国王朝构筑的朝贡册封体制(即"华夷秩序")向近代西方条约体制的转变,而且对各国国内的政治改革和外交产生了深远的影响。尤其在日本,汉译版出现的翌年就出版了翻印版,即开成所版《万国公法》(老皂馆,1865年),其后在此基础上又出版了几种译注版:

吴硕三郎、郑右十郎合译,平井义十郎校阅《和解万国公法》,1868年;

堤彀士志译《万国公法译义》,1868年;

重野安绎译注《和译万国公法》,1870年;

高谷龙州注释,中村正直批阅并作序《万国公法蠡管》,1876年。

本书中,丸山主要选用了堤彀译本和重野译本与英文本对照,但实际上这两本受汉文译本的影响更深。若论日语自身的独特部分,应该再参照日本人自己译自惠顿原著的两种:《交道起源 一名万国公法全书》(瓜生三寅译,京都竹苞楼,1868年)或《惠顿氏万国公法》(大筑拙藏译,司法省,1882年),对比之下方能凸显日本人翻译的特点。[①]

不管怎样,《万国公法》在日本的广泛传播与阅读,不仅为日语补充了近代国际法方面的语词,在幕末明治维新及新政府的成立过程中也发挥了重要的作用。石井研堂《明治事物起源》(1944

---

① 参照拙著《东往东来——近代中日之间的语词概念》(社科文献出版社,2019年)第一编第五章"由汉译《万国公法》到日译《国际法》"。

年)里提到这本书,说它是影响明治维新的西学新书之白眉,且明治初年的外交家几乎人手一本,奉为圭臬。鉴于此,在外交史、思想史领域,有关《万国公法》的接受和在日本的适用问题已有很多研究,岩波书店出版的"日本近代思想大系"第1集《开国》和第15集《翻译的思想》两次将其作为基本资料,足见其影响之重大深远。再比如,在后来同样由岩波书店出版、由村田雄二郎等编辑的《新编〈原典中国近代思想史〉》中,以洋务、变法运动为主要内容的第2卷就直接冠名以"万国公法的时代"(2010年)。

最后第4章主要讲在各个领域里展开的翻译及其影响,书中涉及福泽谕吉的地方颇多,并对其启迪民智除旧布新的贡献予以高度评价。丸山本人就专门研究过福泽,著有《读〈文明论概略〉》一书。区建英曾将丸山这方面的研究集成一书,翻译出版为《福泽谕吉与日本近代化》(上海学林出版社,1992年;北京师范大学出版社,2017年新版)。当然后来子安宣邦对此有过批判,认为丸山过于倾向拿西方的近代性来评介福泽的贡献,而忽视了其为国家主义前后奔走的一面。[①] 但我们在《翻译与近代日本》中可以看到,当时英国人白芝浩(Walter Bagehot,1826—1877)的《英国宪法》广为阅读,对近代日本知识分子,特别是对福泽谕吉产生过很大影响。这一点在2017年三谷太一郎的《日本的近代是什么?——问题史的考察》(岩波,中文版由曹永洁翻译,社科文献出版社,2019年)也有详尽的介绍,特别是白芝浩的经济思想对福泽的影响。而实际上,不仅在经济方面,本书中还特别提到,福泽写《帝室论》

---

① 子安宣邦《福泽谕吉〈文明论之概略〉精读》(岩波现代文库,2005年)。

(1882年)的意图就在于模仿英国宪制以制约天皇的权限,这被当时明治政府的高官井上馨一眼看穿,为维护天皇一统的尊严,政府当然要对福泽此说加以限制。有关《帝室论》的研究至今未衰,2019年日本开启令和时代,天皇的作用再次引起瞩目,福泽谕吉创办的庆应大学的《三田评论》亦专设特辑(2019年5月)一栏,就《帝室论》展开讨论,再次确认了福泽当年写《帝室论》的背景是出于对政党政治欲借助天皇的权威来扩张势力的一种担忧,也强调该书对今后皇室的定位仍具有一定的作用和意义;同时也谈到白芝浩对福泽的影响,从结论上看,福泽对政府采用普鲁士宪法的模式确立明治天皇的地位颇感意外,他本是希望能采取英国宪政模式的,即架空皇室,让议会和政府走到前台。此外,本书《翻译与近代日本》还特别提到福泽的科学观,他正是由于对近代科学的吸收和消化而对儒学产生厌倦,这一点成为改变福泽思想认识的一个重要推动力。

除上述内容外,近代日本对外语的重视情形在第4章也多有介绍,除英语外,译自德法的著作也不少。其中特别提到了作为自由民权斗士的中江兆民译自法语的《维氏美学》,显示出当时的明治政府对之所采取的一种兼容并纳的态度。

三

除上述岩波新书原著外,作为附篇,中文版还收录了加藤周一的一篇文章,这是他为"日本近代思想大系"第15集《翻译的思想》一书所写的导读,相当于岩波新书原著内容的一个补充和总结。在这里,我们先看一下《翻译的思想》收录的文献,以便与该导读中涉及的文献及编号相对应。

Ⅰ 翻译的黎明期

1. 万国公法（重野安绎译，张嘉宁解说）
2. 美国独立宣言（福泽谕吉译，丸山真男解说）
3. 国法泛论（加藤弘之译，村上淳一解说）
4. 欧罗巴文明史（永峰秀树译，矢岛翠解说）
5. 英国开化史（大岛贞益译，矢岛翠解说）
6. 社会平权论（松岛刚译，山本芳明解说）
7. 非开化论（中江兆民译，宫村治雄解说）
8. 维氏美学（中江兆民译，井田进也解说）
9. 尤里乌斯·恺撒（坪内逍遥译，加藤周一解说）
10. 诗五首（森鸥外、大和田建树、内村鉴三、小原无弦译，加藤周一解说）

Ⅱ 译者的观点

1. 译书读法（矢野文雄）
2. 翻译心得（森田思轩）
    (1) 翻译心得
    (2) 致坪内逍遥书简
    (3) 翻译的辛苦
3. 戏曲的翻译法（森鸥外）
4. 箕作麟祥传（大槻文彦）
5. 反翻译主义的理论（森有礼）
    (1) 致惠特尼书简
    (2)《日本的教育》序文

(3) 参考：惠特尼对森有礼的意见

导读：明治初期的翻译——为何翻译？翻译什么？如何翻译？（加藤周一）

《万国公法》成立的背景及翻译问题——围绕汉译本和日译本而论（张嘉宁）

如上所列，《翻译的思想》第一部分收集了明治初期著名的翻译作品，译者包括福泽谕吉、加藤弘之、永峰秀树、中江兆民、森鸥外等，内容涉及历史、思想、法律、文学等多领域，每篇翻译都附有原文，是以双语对照的形式展现的一个史料集，且每篇都附有专家撰写的详细解说；第二部分则是关于翻译问题的一些主张和观点。两部分加在一起，全面呈现明治时期日本在翻译方面所开展的重要工作及成果。丸山虽然也是此书的编辑之一，但因健康原因，在这一集《翻译的思想》里只承担了第一篇福泽谕吉翻译的《美国独立宣言》的解说。所以，加藤写的解说所占篇幅较长，使用的资料也包括了"日本近代思想大系"中有关国际局势方面的《开国》《对外观》等。他自己编写的另一集《文体》（1989年）先于《翻译的思想》（1991年）出版，故后者的解说中专设了一节谈对文体的见识，内容也颇为精彩。相对于岩波新书《翻译与近代日本》的对话体，这篇文章体的解说可能更系统，叙述得更为周到一些，当然，其中不少是加藤在汲取了丸山意见后的看法。

行文至此，有必要对与本书关系密切而反复被提及的"日本近代思想大系"作一些介绍。日本学术界有编辑全集或大系的传统，文学方面仅古典就有"岩波大系""小学馆全集""朝日选书""新潮集成"等四五个大系，近现代也不甘示弱，主要出版社几乎各有一个大系,加上"外国文学大系",真可谓洋洋大观,学者引用时每每需要特别注意标明出自哪个大系。

思想史方面,20世纪60年代筑摩书房就出版了35卷本的"现代日本思想大系",基本上是按著者的年龄收录自幕末维新期至1945年二战结束为止的著作。70年代后岩波书店则以"日本思想大系"为名,从奈良时代的《古事记》到江户时代末期,也就是明治维新前为止,共出版67本,至今仍然是该领域最完善的系列。十多年后又开始策划这套"日本近代思想大系",据岩波编辑部解释,与以前编辑方针不同的是,"'日本近代思想大系'着眼于近代摇篮期的时代精神,与过去的做法不同,不是光收录具有代表性的思想家的作品,而是采用全新的视角来编辑:即以这一时期的国民的整体精神活动为对象,分设23个专题,将相关的资料原文加以整合和注释"。各集的内容和编者及出版年如下:

1. 《开国》(田中彰,1991年)
2. 《天皇与华族》(远山茂树,1988年)
3. 《官僚制/警察》(由井正臣、大日方纯夫,1990年)
4. 《军队/兵士》(由井正臣、藤原彰、吉田裕,1989年)
5. 《宗教与国家》(安丸良夫、宫地正人,1988年)
6. 《教育体系》(山住正己,1990年)
7. 《法与秩序》(石井紫郎、水林彪,1992年)
8. 《经济构想》(中村政则、石井宽治、春日丰,1988年)
9. 《宪法构想》(江村荣一,1989年)
10. 《学问与知识人》(松本三之介、山室信一,1988年)
11. 《言论与媒体》(松本三之介、山室信一,1990年)

12.《对外观》(芝原拓自、猪饲隆明、池田正博,1988年)

13.《历史认识》(田中彰、宫地正人,1991年)

14.《科学与技术》(饭田贤一,1989年)

15.《翻译的思想》(加藤周一、丸山真男,1991年)

16.《文体》(加藤周一、前田爱,1989年)

17.《美术》(青木茂、酒井忠康,1989年)

18.《艺能》(仓田喜弘,1988年)

19.《都市/建筑》(藤森照信,1990年)

20.《家与村》(海野福寿、大岛美津子,1989年)

21.《民众运动》(安丸良夫、深谷克己,1989年)

22.《差别的诸相》(广田昌希,1990年)

23.《风俗/性》(小木新造、熊仓功夫、上野千鹤子,1990年)

24.《近代史料解说、总目次、索引》("日本近代思想大系"编辑部编,1992年)

这套"日本近代思想大系"的编委会由加藤周一、远山茂树、中村政则、前田爱、松本三之介、丸山真男、安丸良夫、由井正臣八个人组成,各有所长。加藤和丸山两人同时又是整个全集的编委,所以涉及的范围更为广泛。

从出版时间来看,该大系上述各集自1988年起陆续出版,至1992年出齐,据加藤1989年元旦写给丸山的贺年片,我们知道第16集《文体》一书的导读是1988年年末才写完的。和他搭档的编者前田爱(1931—1987)有《幕末/维新期的文学》(1972年)、《近代读者的形成》(1973年)等著作,很不幸在《文体》出版前的1987年7月27日就去世了。第15集《翻译的思想》出版于1991年,而本书原著岩波新书《翻译与近代日本》在1998年10月出版时，丸山已去世两年，所以最后的通审和定稿都由加藤完成。

四

关于丸山真男，我在翻译他的《现代政治的思想与行动》（商务印书馆，2018年）时作过介绍。他1914年生于大阪，父亲丸山干治是著名的政论记者，其哥哥、弟弟亦均为新闻记者，1937年他从东京大学法学部毕业后，也曾有当记者的想法。我们从他的文风中至今仍能感受到这种家传。在第一高等学校就读时，他就参加唯物论研究会的集会，并以违反治安维持法的嫌疑一度遭到拘捕，其后亦一直处在当局的监视之下，这一经历对丸山的思想形成有着重大的决定性意义。大学期间他撰写的论文《政治学中的国家概念》受到恩师南原繁的赏识，留校任助教，1940年升为副教授。期间发表了不少有关日本近世政治思想史研究的论文。1944年丸山应征入伍，出发当天清晨，他将自己刚写完的《日本政治思想史研究》第三章交给赶来新宿站送行的同事，日后出版成为其代表作之一。他在平壤接受了三个月的新兵教育后，又返回大学。但翌年（1945年3月）再次被临时召集到广岛宇品的陆军船舶司令部接受通信兵教育，4月起归属参谋部情报班。战争期间两次短短的几个月的体验加深了他对军队这一组织结构的观察和思考，对个人和组织有了深刻的认识。据平石直昭说，当第一颗原子弹在广岛爆炸之时，丸山也受到了核辐射。这成了他战后参与和平运动的契机之一。而且战争期间的丸山本是属于"重臣自由主义"[①]那一派系的,即将希望寄托于体制内的具有自由主义倾向的政治家。直到战争结束后返回大学,他本人最终转到以确立人民主体性为主的democracy的立场上来,其间是经过战后半年多的精神格斗才得以完成的,《极端国家主义的逻辑与心理》一文正是经历了这一精神革命后才横空出世:该论文登载在《世界》5月号,末尾特意标出了写就的日期:"一九四六·三·二二"。其实,这天正是丸山的生日,无疑是以此表示一种精神上的浴火重生。

1950年丸山升任东大教授,亲身经历了50年代初日本的各种运动,针对与同盟国的讲和论争,以及60年代初的反对《日美安保条约》的斗争,写下了许多时事评论,在理论上指导这些运动,成为领导日本战后民主主义知识人的代表人物,亦被誉为战后最著名的政治学家、思想家。1996年8月15日丸山在东京去世,当天也正值日本战败51年的纪念日,终年82岁。他的所有藏书及书信手稿都收藏在东京女子大学所设的丸山文库之中,供人们研究使用。

加藤周一比丸山真男小五岁,1919年生于东京,即现东京都涉谷区。自寻常小学考上东京府立一中(现东京都立日比谷高等学校),然后又考入旧制第一高等学校理科乙类(现东京大学教养学部),进入东京帝国大学医学部学习。自幼熟习日本古典及汉文,高中学习英语、德语,大学时代还学习了法语和拉丁语。1943

[①] 其主要特征是维持现状的立宪主义,提倡国际协调,亲英美,反国际法西斯,反对民众运动,而不涉及天皇的责任;代表人物有元老西园寺公望、内大臣汤浅仓平、牧野伸显、斋藤实,还有副岛道正、吉田茂等。丸山的父亲丸山干治也是推崇这一派的人物之一。

年因战争提前毕业，分配到东京帝国大学医学部附属医院，1952年获东京大学的医学博士。

他学生时代就热衷文学，在校期间与中村真一郎、福永武彦等结成社团，发表日语韵律定型诗，据其自传体回忆录《羊之歌》所记，日美开战的1941年12月8日夜晚还在看戏。后因肋膜炎而免除兵役。二战后从医学转向文学，在《近代文学》《综合文化》《新日本文学》上发表小说及文艺评论，以后主要就欧洲和日本的文学及同时代的政治社会问题继续发声、挥笔评议。并以其深厚的学识任1984年版《大百科事典》（平凡社）总编，随后又任1988年版《世界大百科事典》总编。

作为日本的评论家，加藤实际上没有在日本的大学长期任教，虽然他曾任上智大学教授，但后来主要在海外的大学执教，先后在耶鲁大学、布朗大学、柏林自由大学及慕尼黑大学、法兰西公学院（Le Collège de France）、加拿大不列颠哥伦比亚大学（University of British Columbia）任教。回国后曾在日本立命馆大学国际关系学部任教，并担任立命馆大学国际平和博物馆馆长等。因其长年所作出的文化贡献，2000年法国政府授予他法国国家荣誉军团勋位（Officer军官勋位）。2008年12月5日去世，终年89岁，去世前几个月受洗皈依天主教。去世后其所有藏书及资料都作为"加藤周一文库"，归立命馆大学负责管理。

加藤与丸山开始交往，据丸山回忆是1949年或1950年左右，至少从1957年两人就在一起编辑《岩波讲座 现代思想》了。据《丸山真男纪念比较思想研究中心报告》第12号（2017年3月）所示，其中收录的加藤周一致丸山的信函最早始于1957年4月8日，主要是感谢丸山寄赠的《现代政治的思想与行动》上下卷(初版)。之后两人通信一直延续到1994年7月25日,也就是接到丸山患肝癌后的一封回信,两年后丸山去世。两人的交往长达四十余年。

加藤其实也是出版本书的商务印书馆"日本学术文库"系列丛书的日方顾问,他在20世纪70年代初就访问过中国,1978年还和桑原武夫一起写过一本《如何与中国打交道》的书,1987年10月曾到北京大学参加"日中比较文学研讨会"。加藤在写给丸山的贺年卡(1988年元旦)中提到了这次访华,其中特别提到追随美国的中曾根以及中国大学生的强烈的反日情绪。时隔数年,1994年3月16日至4月30日他再访北大作专题讲义。他在给丸山的信(1994年5月27日)中说道:北京的变化极快,到处可见高楼大厦、高速公路、工厂建设,汽车剧增且交通拥堵,粮食及日用品都很丰富。2005年3月,加藤再次来到北大日语系做讲座。促成加藤首次访问北大的,其实是我的导师孙宗光先生,他当时是北大日语教研室主任。前两年他还给过我一封加藤写的短信(2005年10月29日)和加藤去世那年(2008)寄的一张贺年卡。短信内容还是涉及政治的多,对当时日本的历史认识问题所导致的中日关系的恶化表示担忧,谈及自己近况时说,针对当时日本国内的改宪趋势,作为发起人之一,与哲学家鹤见俊辅、作家大江健三郎等结成"九条会",唤起民众展开"捍卫宪法九条"的运动[1],这样做当然是

---

[1] 其他还有井上厦(作家)、梅原猛(哲学者)、大江健三郎(作家)、奥平康弘(宪法学者)、小田实(作家)、泽地久枝(作家)、鹤见俊辅(哲学者)、三木睦子(社会活动家)等,除作家大江健三郎和泽地久枝外,多半已成故人。现在由东大名誉教授小森阳一为主,很多知识分子都参与其中。

表明一种态度。信中特别提到了18世纪的法国作家塞纳库尔的一句话:"人总有一死,即便是死,也要抵抗着去死"[①],用以明志。现在看来,这真像是他去世三年前以86岁高龄写下的遗嘱。2019年7月,他的散文体自传《羊之歌》由北京大学日语系教员翁家慧译为中文由北京出版社出版。前前后后,也算是跟北大的一段缘分吧。

五

如本书成立背景介绍中所提,本书实际上并非传统意义上的"对谈",而是以征求丸山意见的形式所做的谈话,基本上是加藤抛出问题,丸山作答,更类似一种采访式的"问答体"。对这种对谈形式,丸山似乎情有独钟,他自己也身体力行,1949年用对话体写过一篇"从肉体文学到肉体政治",后收在《现代政治的思想与行动》(1963年增补版)中。之后,他还专门写过"日本思想史问答体的系谱——中江兆民《三醉人经纶问答》的定位"一文(最早刊登于《中江兆民的世界》,筑摩书房1977年,后收入《忠诚与反叛》(1992年)一书),广泛梳理古今中外问答体的历史由来及演变,特别强调其优点是:"由三个人物分别将多个观点展示给读者,这是《三醉人》的独特之处。通过这样的方式更易使问题的多面性得以清晰呈现,而了解问题的多重面向,更有助于找到解决之道",可见他对

---

① 塞纳库尔(Étienne Pivert de Senancour, 1770—1846)也译为瑟南谷,法国作家、道德家。Vallée d'Obermann(《奥伯曼》)是塞纳库尔创作的书信体作品,记录了无神论兼禁欲主义者的作者20年的内心世界。

这种形式应该是驾轻就熟的。其生前一直喜欢以这种访谈形式就当下的问题展开讨论,除这本《翻译与近代日本》外,还有后来以接受弟子访谈为内容出版的《丸山真男回顾谈》(岩波书店,2006年;增订本2016年)。

作为当时学界最前沿的两位大家,他们的对谈起点高,有些问题在他们因属于常识而被省略,也有些地方对对方抛出的问题并未作答。这种采访问答体,大部分内容偏口语化,时而重复,时而中断。对于两位年逾七旬的老人来说,有些内容难免会出现记忆上的差错,也还有一些言犹未尽未能展开之憾。当然也有些是以讹传讹的,比如"权利""义务"这两个词,"……在看到汉译的《万国公法》中把right、obligation分别译作'权利''义务'时就将其借用了过来"。这个说法并不正确,其源自箕作麟祥,自他明治中期的讲话以来被反复引用。实际上《万国公法》中只出现过"权利",根本没有"义务",后者是一个日本译词,北京大学的孙建军做过研究曾专门论及这点。①

我的专业是日语史的研究,近二十年来持续关注近代日语的变化和中日语言的相互影响,所以不管是本书《翻译与近代日本》还是同为二人编著的《翻译的思想》,都是甫一问世即买入的。十年前写"从汉译《万国公法》到和译《国际法》——汉语概念在日语中的形成和转换"(初刊于2011年,后收入拙著《东往东来:近代中日之间的语词概念》(社科文献出版社,2019年))一文时,参照最

---

① 孙建军:〈和製漢語「義務」の成立〉《日本近代語研究4》(2005),后收入其专著《近代日本語の起源》,早稻田大学出版部,2015。

多的是收在《翻译的思想》中的《万国公法》及张嘉宁写的解题,当然也连同《开国》(田中彰)中收的《万国公法》部分一并参看。这两份材料主要好在英汉日三种文本并举,容易发现翻译上的问题。《翻译的思想》所收的文章里面,后来在自己的授课中安排选读过《社会平权论》(松岛刚译)和《翻译心得》(森田思轩)等。还以《文体》中所收的《汉学不可废论》(中村敬宇)、《行西日乘》(成岛柳北)、《佳人之奇遇》(东海散士)等作为课程教材,研究近代由汉文衍生出来的各种文体之间的关系。

我曾于2005年在之前任教的目白大学给硕士生上课时使用过本书,课上采取日本式轮读方式,要求学生准确理解。带着学生读过一遍后,便开始翻译,这期间,因已经大致译成丸山的《现代政治的思想与行动》,对本书内容亦不感到生疏,又贴近自己的专业,初译稿在第二年就基本完成了。后来陆续作了些修改后,基本上就束之高阁了。

时隔多年,此次重新修改译文,发现该书实际上早就将概念史作为方法论运用在思想史的研究中了,比如,丸山介绍说他们为了搞清当时日本如何接受西方思想,实际上就是通过制作卡片,看西方语词概念在转译为日语时有多少变体,最后又如何归一的方法,其实这就体现了概念的磨合和固定的过程。从这个意义上说,他们的研究可说是印证了思想史的变迁轨迹。同时对语言通过翻译逐步西化这一点再次深有体会。

在翻译过程中,由于会话成分多,其中不言而喻的成分也多,且言简意赅处浓缩性很强,信息量大,译成中文都要加以说明。被省略的地方该如何在确保不误解作者意图的前提下进行补译,确实煞费苦心。还有，为了便于读者的理解，在保留原书所加的注释外，译者也尽可能地补充增加了部分注释。

感谢编辑卢煜的督促，2020年初去北京参加《新京报》举办的活动时，还曾一起谈到这套"日本学术文库"翻译计划中尚未完成的几本，孰料返回日本后不久，新冠疫情暴发，自三月起基本上每日都宅在家中。取出十多年前的译稿重新审视之下，发现仍有不少需要修改之处。经过十几年的学术积累后重读译稿，对原文内容的理解更到位了，翻译也更有自信了，甚至也能发现作者的一些错误。我想，现在译出这本书，对于近年广为关注的日本近代史、翻译史以及方兴未艾的概念史研究，应该有很好的参考价值，可谓适逢其时。或许这些也可算作译稿拖延至今的一个借口和自我安慰吧。

回望2020年，疫情带来不便的同时，对于我来说却也省下了往返学校及外出开会的时间，坐在电脑前的时间便多了起来，否则这份译稿可能还得再推迟些时间才能交出。

陈力卫
2020年圣诞之夜写于东京
2022年2月22日改订

目　　录

日文版出版说明 ………………………………………………… 1
第1章　翻译文化的到来 ………………………………………… 3
　1.1　有关时代背景 …………………………………………… 3
　1.2　有利于日本的国际形势 ………………………………… 6
　1.3　攘夷论的急剧转变 ……………………………………… 10
　1.4　近代军队和专家的出现 ………………………………… 13
　1.5　幕藩制国家和领土意识 ………………………………… 16
　1.6　江户时代的翻译论 ……………………………………… 20
　1.7　开始意识到中文是门外语 ……………………………… 23
　1.8　用比较的角度看问题 …………………………………… 26
　1.9　从荻生徂徕到本居宣长 ………………………………… 27
　1.10　为何采用翻译主义？ …………………………………… 35
　1.11　翻译与激进主义 ………………………………………… 39
　1.12　关于《译书读法》 ……………………………………… 43
第2章　译什么？如何译？ ……………………………………… 49
　2.1　为何历史书翻译得最多？ ……………………………… 49
　2.2　注重历史是缘于日本的儒教吗？ ……………………… 52
　2.3　喜欢看的史书 …………………………………………… 55

2.4 道德的体系化过程 …… 57
2.5 从"仁"到"仁义礼智信" …… 60
2.6 逻辑用语及其用法 …… 62
2.7 "个人"与"人民" …… 66
2.8 "如果"与因果论 …… 69
2.9 究理较真的态度 …… 74
2.10 关于新造词 …… 77
2.11 译词所含的问题 …… 81
2.12 是否懂得拉丁语和希腊语？ …… 83

第3章 《万国公法》的翻译 …… 86
3.1 江户幕府末期的畅销书 …… 86
3.2 《万国公法》的英中日对照 …… 91
3.3 传统用语是怎么翻译的？ …… 94
3.4 法律意识的问题 …… 99
3.5 有关"国体"一词 …… 102
3.6 没有译出来的部分 …… 106

第4章 翻译对社会文化的影响 …… 108
4.1 哪些被翻译过来了？ …… 108
4.2 化学为何会受人关注？ …… 110
4.3 接受进化论 …… 111
4.4 进化论对世界观的影响 …… 113
4.5 福泽谕吉的科学观 …… 116
4.6 影响知识分子的翻译书 …… 121
4.7 原著质量的问题 …… 123

4.8 后发国家的早熟性 ·········· 124
4.9 明治政府对翻译的举措 ·········· 126
4.10 文明开化——民心与政府·········· 131

后记·········· 136

附篇 明治初期的翻译——为何翻译？翻译什么？如何翻译？ ·········· 139

1. 为何要翻译？ ·········· 139
   1.1 翻译的必要性 ·········· 140
   1.2 翻译的能力 ·········· 147
2. 翻译了什么？ ·········· 152
3. 如何翻译的？ ·········· 160
   3.1 对于概念的翻译 ·········· 160
   3.2 关于文章文体 ·········· 172

日文版出版说明

本书的构想及形成是与编辑"日本近代思想大系"(岩波书店，23卷，1988—1992年)第15集《翻译的思想》(丸山真男、加藤周一编，1991年9月出版)密切相关的，这里简单地交代一下成书过程。

"日本近代思想大系"着眼于近代摇篮期的时代精神，与过去的做法不同，不是只收录具有代表性的思想家的作品，而是完全采用新的视角来编辑：即以这一时期的整个精神活动为对象，分设23个专题，将相关的资料原文加以整合和注释。所以，先要选定课题、收集相关文献、整合文本、加以注释，然后再将这些统一布局，加以解说。总之是件艰巨的工作。

编辑《翻译的思想》的两位先生——丸山真男和加藤周一也同样倍加辛苦。在所收的文献选定后，又与各篇文献的承担者，即张嘉宁、村上淳一、矢岛翠、山本芳明、宫村治雄、井田进等反复开会商议。比如负责《万国公法》的加州大学教授张嘉宁博士曾数次来日，讨论相关内容和问题。

经过几年的努力，工作不断进展，到了该写解说的阶段，丸山先生的身体抱恙，执笔一事全权委托给加藤先生。在丸山先生身体状况稍有好转的时候，加藤先生几次前去看望，并征求意见。那几次见面留下了录音,我们将其中有关翻译的部分归纳起来,编成了此书。

因为都是为征求丸山的意见所做的谈话,所以并非实际上的"对谈"。加藤问,丸山答,等于是一种"问答"。

这种"问答"本来是为编辑《翻译的思想》所做的基本工作之一。对话的内容海阔天空,时时引人入胜,编辑部觉得应该以某种形式将之公开出来,于是跟两位先生商量后,大体上得到许可,丸山先生已经开始在速记稿上加以修改。但遗憾的是,还没等到进入具体出版日程,病情已然恶化,丸山先生于1996年去世了。

为此,编辑工作不得不停顿下来,但稿子就这样被埋没也太可惜了,而且丸山先生自己加改的部分基本上已经完成了,所以,最后决定还是请加藤先生再次通篇检阅,将之公之于世。

岩波书店　编辑部

第 1 章　翻译文化的到来

1.1　有关时代背景

加藤：我这里将向您请教的问题归纳起来,大约有以下几点：

我们先来看一下"翻译的背景",这是个大前提,也涉及明治初期的国际关系。在此基础上,首先是"一般都翻译了些什么,哪些是有必要译的?"其次是"什么样的人翻译的?";第三才是"为何要采用翻译这种拿来主义?"与当今日本不同,为什么那样彻底地采用了翻译主义,这点反倒和当代的中国有些相似。

接下来就是"如何翻译"的问题。这里就比较具体,哪些概念究竟该怎样译、怎样处理? 最后才是"明治时期[①]这种翻译主义的功与过",也就是对后来的日本文化带来了什么影响。我想就这些问题向您请教,您觉得怎么样呢?……

丸山：光是这些问题就可以写一篇大论文了。还要我再说什么

[①] 明治时期,亦称明治时代,1868—1912 年,相当于清朝末期。——译者(除注明之处,本书页下注均为译者注,不另注。)

呢？（笑）

加藤： 最先提出的翻译的背景，与其说是提出问题倒不如说是我有这样的看法，我先说出一个大概的思路，然后请丸山先生修改，谈谈意见……

我的意思是，明治以前或到 18 世纪末为止，日本的对外关系，虽然也有朝鲜使节团，与荷兰在长崎的贸易，但大致上来说最主要的还是和中国的关系。自古以来，除了所谓的"蒙古来袭"①以外，实际上并没有来自中国的直接的军事威胁，江户时代②以前交通又非常不便，其后就开始锁国了。与朝鲜半岛的交流关系暂且不论的话，与外国的直接接触，特别是人员往来都极少。从中国来的人，在南北朝时代③或室町时代④还有一些，在江户时代就非常少。也就是说，从直接的人员交流方面来看中国是一个很遥远的国家，但是从信息情报的收集方面来看中国又是个十分近的国家，我想应该是这样的。

与中国不同的是，自 19 世纪初期以来，西洋是以直接接触的方式出现的。人家的船队靠近海岸，人也过来了。来的虽少，却是要面对面直接交涉的对手。为什么会发生

---

① 蒙古来袭，指 1274 年和 1281 年蒙元皇帝忽必烈两次派军攻打日本，在日本合称"元寇"或"蒙古来袭"。

② 江户时代，1603—1868 年，是日本历史上武家封建时代的最后一个时期，历时 265 年。

③ 南北朝时代，1336—1392 年，之前为镰仓时代，之后为室町时代。

④ 室町时代，广义上包括南北朝时代，1336—1573 年，名称源自幕府设在京都的室町。狭义上指继南北朝时代后，应仁之乱（1467 年）至 1573 年的百余年间。

这样的事呢？当然那是因为大航海时代以来西方航海术发达起来，造成的结果是，只要西方人想来日本就可以抵达海岸。但是，我们对西方的信息情报却知道得很少。从日本这边来看，和中国完全不同，西方是一个比印度还要远的地方。太遥远了！于是乎我们突然面临的是，很难知道他们那儿发生了些什么事，信息情报传来得太慢了。这样的情形，大概持续了半个世纪。人家来到海岸边了，几乎随时都可以看到对方了，尽管都到了这种状态，可是他们在想些什么，那边的国家是怎么样的，我们却完全不知道。于是就显露出知识情报完全不足的窘态。而这一点恰恰是和中国相反的。中国是信息情报虽然来得多，但人不来；西方是，人来了，却没有什么相关的信息情报。

于是，突然醒悟过来："这可不得了，得赶快收集些情报"，连到了家门口的是什么人都不知道怎么能行，所以无论如何都想得到情报。这就像太平洋战争后，战败的日本对占领国美国以及对海外的情报都急于收集的情况相似。与日本的这种敏感反应比较起来，中国则悠哉游哉，漫然处之。

丸山：不是的，中国岂止是漫然处之……

加藤：中国在鸦片战争中输给了英国，可是反倒是幕府末期的日本人比中国人还关注着英国的事情呢！对吧。

丸山：那是因为大中华意识在作怪。

加藤：因为大中华意识的存在，情况比日本更糟糕，尽管鸦片战争败了，也还没有什么危机感……

丸山：按中国人的想法来说，能打仗，便是文化程度低的表现。而中国是一个礼仪之邦,"文"比"武"的地位要优越得多。所以,即便是败了也能找一个借口来说:反正那些家伙是野蛮人,只会用武力来解决问题。

加藤: "东夷""西戎""南蛮""北狄"侵犯中华,都是自古就有的事。

丸山: 反倒让我们吃惊的是,中国竟然有实力能够答应下来支付鸦片战争的赔款。当然,鸦片战争的结果也让日本人感到震惊。因为日本一直是一个武士统治的"尚武"之国,多年来尊为圣人之邦的中国居然被夷狄打得惨败。这真是令人惊讶。如果没有鸦片战争的影响,日本会变成什么样子呢?

正是因为有了这种危机,情报的收集就变得很重要了。鸦片战争和甲午战争都是对日本人后来的亚洲意识产生了极大影响的。

1.2 有利于日本的国际形势

加藤: 日本人的这种危机感到明治维新时达到了最高潮,所以,明治维新以后,马上向西方派遣了很多留学生和岩仓使团[①]赴欧美考察,走上了模仿西方推进近代化的道路。

19世纪后半叶,西洋人虽来到日本海岸,但并没有侵犯日本,这很意外,对日本来说是件幸运的事。法国正在和

---

① 岩仓使团在明治维新后的1871年12月23日到1873年9月13日派往美国、欧洲各国。以岩仓具视为主导,政府首脑及留学生等一共107名。主要目的是友好亲善、观察学习欧美先进文化,其次是想趁机试探修改《日美友好通商条约》的可能性。但欧美各国以日本尚不具备完整的法律制度为由加以拒绝。

普鲁士交战（普法战争）①，美国正忙于南北战争，都顾不了那么多了。

丸山：在那之前，英、法和俄国还打了场克里米亚战争。

加藤：当时西方列强正忙于战争，暂时放缓了对亚洲的侵略，日本这边迅速加快了近代化的步伐。总之有两个重要原因，一是日本人反应得很快；二是对方无暇顾及这边，这两要素缺少哪一点恐怕都抵挡不住欧美的压力。趁着对方忙得来不了，争取了时间，一直到1904年为止都是这样的吧。

日俄战争时，西方列强首次动了真格，实施武力干涉，但是这对俄国来说已经为时太晚了，对日方来说却是老天保佑。如果早二十年的话，日俄战争是无论如何也打不下来的。

丸山：不是还有三国干涉②嘛。

加藤：那是在日俄战争的十年前，即便那时，也抵挡不了三国干涉。从以上的背景来看，日本的翻译问题，总的来说在19世纪中叶，也就是从佩里舰队叩关③到日俄战争，或是从明治政府有计划地着手"近代化"，到日俄战争为之，趁着对方偃旗息鼓，这边抓紧着手……

---

① 王韬著有《普法战纪》（1874年）一书，1878年便被日本陆军文库翻刻出版，之后十数年间在日本多次翻刻，为汉学家、儒学家以及军人等广为阅读，1879年王韬应日本各界名士邀请访日，结交了不少朋友，也为后来的文化交流打下了基础。

② 甲午战争后，清朝政府与日本明治政府签署《马关条约》，割让辽东半岛给日本。俄国、德国和法国为了自身利益，迫使日本把辽东还给清政府。日本为此深感屈辱，而卧薪尝胆，这也成为十年后日俄战争的原因。

③ 佩里（Matthew Calbraith Perry, 1794—1858），美国海军军人。1853年7月（嘉永六年6月）为使日本开港，率舰队叩关，向幕府提交美国总统的亲笔信。翌年再到江户湾，于横滨缔结亲和条约。后刊行《日本远征记》3卷。汉字名亦称彼理。

历史事件关系年表

1840 年	鸦片战争开始(延续至 1942 年);签订南京条约,开放上海等五港口,割让香港。
1853 年	佩里来航到浦贺。克里米亚战争开始(至 1956 年结束)
1854 年	佩里再次来航,缔结日美和睦条约。
1856 年	阿罗号事件发生,开始第二次鸦片战争(至 1960 年结束)。
1858 年	签订日美友好通商条约。
1860 年	咸临丸从品川出发,开往美国。
1861 年	南北战争开始(至 1965 年结束)。
1862 年	生麦事件发生。
1863 年	萨英战争。长州藩在下关炮击外国舰队。
1864 年	四国联合舰队攻击下关。
1868 年	王政复古运动(明治维新)。戊辰战争开始(至 1869 年结束)。
1870 年	普法战争开始(至 1871 年结束)。
1871 年	废藩置县,以岩仓具视为代表的欧美视察团从横滨出发。
1877 年	西南战争。
1889 年	颁布大日本帝国宪法。
1894 年	日清甲午战争开始(至 1895 年结束)。
1895 年	三国干涉。
1902 年	缔结日英同盟。
1904 年	日俄战争开始(至 1905 年结束)。

丸山：最起码的事要做，由此打造近代化国家。

加藤：再加上因为需要获得全面的信息，因此需要翻译，我想那就是大背景。一时间，"学习西洋！""西洋，西洋！"的呼声不绝于耳。结果在幕府末期学过荷兰语的人们都改学英语了。也有像箕作麟祥①那样的人，连字典也不用看，一下子就能读懂法语了。这些人就是打先锋的第一拨人。之后，又有人从传教士那里学习英语，算第二拨。总之是这些人翻译了几乎所有的西方书刊。作为与此相关的现象，比如说自由民权运动也涌现出来了。我想，翻译是其最根本的背景。

不过，日本这边并没有特别强调国外列强的自顾不暇，只是爱片面强调说自己这边反应多敏捷……

丸山：在搞国际政治的人看来，日本算是比较幸运的，这一解释都是常识性的。帝国主义列强在真正伸手到东亚之前，都在世界上忙于各自的战争。

特别是克里米亚战争和南北战争影响巨大。克里米亚战争是英法与沙俄的大战，南北战争的死伤人数也非常大，根本无暇去别国打仗。毫无疑问，因为这两场战争，对日本

---

① 箕作麟祥（1846—1897），明治时期的启蒙学者。幼年和少年时代在祖父箕作阮甫的培育下先学汉学，后改学兰学和数学。1863年继承祖父之位入幕府做幕臣，曾任外国奉行翻译、开成所见习教员。1866年以随员身份赴法国参加万国博览会。1868年回国后，被新政府聘为翻译官和调查官。在翻译欧美各国法典时，致力于研究吸取其成果，并参与起草《学制令》。1876年后，历任司法大臣、司法次官、行政法院评定官及长官等职。1890年就任私立法律学校校长。参与明治时期的法典建设和民法编纂工作，并从事法学教育。

加藤：也有距离的问题呀，不管怎么说，因为离得特别远。即使单跑一趟，也需要花很多的钱。

丸山：是呀。但是反过来说，蒸汽船才刚开始使用，航行距离也不太远，无论如何都需要在驶往中国之间有一个薪炭补给的港口。因此才被逼得要赶快开放口岸。反倒是在佩里航队叩关以后，他们自己忙不过来，外压也就减少了。在这间隙，为明治维新打下了基础。所以，日本虽说现实中不可能完全被殖民地化，但与中国和朝鲜的例子相比较的话，如果只是举起幕末攘夷论的大旗孤注一掷的话，那极有可能一部分领土被外国掠取，比如说用租借这类名目。

1.3 攘夷论的急剧转变

丸山：虽然列宁在1890年左右才对帝国主义下了比较严谨的定义①，但是我们只要再往前追溯一下中国香港和印度的历史就可以发现：殖民地早在近代帝国主义出现之前就已经存在了。如果幕府末期日本死守尊王攘夷②中的攘夷思想，坚持锁国的话，我们从当时外国使节向国内提出的报告书的内容就可以知道，对方是宁可采取武力也要逼迫日本

---

① 列宁在其《论帝国主义》（1916年）中将帝国主义定义为19世纪末至20世纪初达到垄断阶段的资本主义。

② 尊王是主张天皇权威的绝对化，反对对外开国，与不经天皇许可便与西方列强缔结条约的幕府相对立。

放弃攘夷思想。这么一来,日本想必也会同样沦落到割地或是遭大批外国军队驻守的地步吧。所以说,日本当时见风使舵,转换战术,真是做对了呢。

而且,说起来还真是有些巧合呢。尊攘论主要是萨摩藩和长州藩为主的吧,前者在萨英战争①中惨败,后者又被四国联合舰队打得落花流水。正好长州藩赴英留学的井上馨②和伊藤博文③火速回国,及时地扭转了藩论。结果坚持尊攘论最强硬的萨长两派在亲自领教西洋武力的厉害后,率先改变了立场。后来,因为还需要借用尊王的口号来推倒幕府,所以并没有马上把打开国门这件事搬上台面。而当时不论中国或是朝鲜都没有日本转变得这么快。

加藤:中国即使败得那么惨也还不醒悟……

丸山:恐怕还是大中华思想在作祟吧。

加藤:话是这样说没错,但是日本在太平洋战争中也是一样,一旦战败就立马改头换面,实在是太富有戏剧性了吧。萨英战争时也是同样,打了败仗刚一两年之后就已经有留学生去英国留学了,基本上就是输了就派人去对方留学。

丸山:森有礼(1847—1889)不也是萨摩藩的留学生吗?并不是明

---

① 幕末(江户时代末期)萨摩藩与英国舰队之间的战争。导火索是1862年8月的生麦事件(见后注)。

② 井上馨,政治家。长州藩士。参加讨伐幕府的运动。维新后成为政府要人,任外相期间试图修改条约,未果。伊藤博文的盟友。

③ 伊藤博文,明治政治家。参加讨伐幕府的运动。在藩阀政权内崭露头角,成为制定宪法的中心人物。历任首相、枢密院议长、贵族院议长。1905年任韩国统监。在哈尔滨被朝鲜独立活动家安重根暗杀。

治政府派出去的。

加藤：对呀，立场转变得很快……

丸山：支持幕府的也有派遣留学生出去的。当时各藩派出的留学生可真是不少。

加藤：长州藩的动作也很快。在生麦事件①的第二年，大家还在为平息纷争而乱成一团的时候，井上馨和伊藤博文等人就已经出发去英国留学了。反观中国在战败后却没有及时派遣留学生去欧洲学习。这样说来日本的动作可以说是太快了一点吧。用得着变得这么快吗？

丸山：攘夷论的急剧转变意义重大。如果狂热的攘夷论继续下去的话，也许会引起种种复杂的外交问题。而且要付出巨额的赔款。就拿生麦事件来说吧，单是萨摩藩就赔偿了 10 万英镑。这在那个时代来说是无法想象的金额。当时还闹出个笑话，林肯总统被刺②的消息传来时，幕府的一位阁僚慨叹道："啊，又要赔款了吗？"总之是因为情报不足，以为又是日本浪人干的事（笑）。生麦事件发生后，先是幕府，后来是萨摩藩，两边都赔款了。还有下关炮击事件③和

---

① 生麦事件，1862 年 8 月 21 日，萨摩藩主岛津久光的队伍走到神奈川的生麦时，四个英国人骑着马要从队伍前过去，侍从怒而拔刀砍杀之。这成为翌年英国军舰炮击鹿儿岛（萨英战争）的原因之一，幕府及萨摩藩为此赔偿英国 10 万英镑。

② 林肯刺杀事件，1865 年 4 月 14 日在华盛顿福特剧场，林肯与夫人正一起看戏，被一男人开枪从背后击中头部，翌日去世。

③ 下关炮击事件，1863 年 5 月 10 日长州藩突然炮击停泊在下关海峡的美国商船。23 日、26 日又分别炮击法国舰和荷兰舰。

火烧英国公使馆①事件。如果攘夷论像燎原之火一样继续烧下去的话,不知道还会发生什么事呀。

加藤:如果欧洲方面派军队登陆,不知道会不会引起以英法为中心的欧洲各国之间的争斗。

丸山:虽然列强之间存在着钩心斗角,但是为了共同的利益,还是结成了四国联合舰队这类形式。

加藤:可是,有一段时间,不是出现英国支持萨摩藩、长州藩,而法国支持幕府的情形吗?这样的角逐不是在某种程度上已经呈现出来了吗?如果战争再长期持续下去的话……

丸山:假如战争长期持续下去的话,也许会那样。但是,四国联合舰队可是由美国、英国、荷兰和法国组成的呀。就连与日本关系最好的荷兰也在其中。所谓攘夷,也就是袭击外国人,这对于列强来说等于是恐怖活动,所以他们不会漠然视之的。

加藤:一开始他们可能是这样想的。对于外国来说攘夷一开始是单纯的恐怖活动,但是如果继续扩大下去的话,他们就不会这样想,可能会进而实施军事占领。

1.4 近代军队和专家的出现

丸山:从整体来看,日本的转变虽然快得惊人,但是,下级武士的

---

① 长州藩尊王攘夷派志士高杉晋作、久坂玄瑞、志道闻多(井上馨)、伊藤俊辅(博文)等激进派12人于1862年12月12日夜,潜入将要竣工的英国公使馆内引火将之烧毁。

态度仍然顽固不化，一直到西南战争①结束为止。原以为他们是要尊王攘夷的，却又突然和洋鬼子交往起来，甚至发展到明治初年的民权论②，这种转变很是奇特，事实上，初期的士族民权论至少可以说是攘夷论的延续。正因为攘夷论扩散得如此广泛，不会这么轻易就消失的。若非如此，岛崎藤村在《黎明之前》③当中所描写的青山半藏的悲剧就不会发生了。尊攘派里真是有这种活动家存在，他们对"平田国学"④这类东西深信不疑……尊攘派的高层领导则比较聪明，他们认为若不在战术上利用攘夷论的话，就无法打倒幕府。

加藤：这其中有两方面的人。一是深信尊王攘夷而最终卷入西南战争的人；二是类似专家官僚的前身那些人，把意识形态当作可交换的工具。后者先打着尊王攘夷的旗号来干，若能达到某种阶段的目的之后，即在下一阶段变换手法以求胜利。

---

① 西乡隆盛在主张征韩论不被采纳后辞官回乡，代表了部分士族对明治政府的不满。1877年2月，以鹿儿岛私立学校学生为主力举兵叛乱，但尚未攻克熊本城便遭政府军的反击。9月，西南战争以西乡隆盛自刃告终。

② 民权论，即自由民权论。其主导原理是卢梭的社会契约论、孟德斯鸠的《论法的精神》、J.S.缪勒的代议政体论、美国独立革命的思想等，以及中江兆民等推广的政治思想，和明治民众的希求参政权、自由、自治等发自日本内部的思想与行动。

③ 岛崎藤村(1872—1943)，诗人、作家。生于长野县。毕业于明治学院。以诗集《若菜集》树立起浪漫主义的诗风。小说《破戒》的出版确立了其作家的地位。有《春》《家》《新生》等代表自然主义文学的自传性作品。《黎明之前》(1935年)是他所有作品中最气势磅礴的，主要通过封建割据的一个藩国反映19世纪60年代王政复古运动。主人公青山半藏学习平田派的国学，醉心于王政复古，对明治政府的全面西化感到失望，以致发狂被监禁后死去。

④ 平田笃胤(1776—1843)，江户后期的国学家。本居宣长死后，作为门徒立志古道之学，将复古神道体系化。作为草莽之国学对尊王运动影响甚大。著有《古史徵》《古道大意》等。

丸山：军队应该是最早步入近代化的了。若是穿着和服裙裤的话，怎么也和军队不搭调，所以身穿洋服，脚蹬军靴，列队前进，这才是军队。音乐也是从军乐队开始的。就拿进行曲来说吧，日本的传统音乐根本派不上用场，雅乐怎么能用来当进行曲呢。你就想想日常生活吧，在军队里所有的一切都得西化。因此最早接受西化的，除了军队，还有就是近代官僚了。

加藤：外国顾问负责训练军队。外国专家则先是在军队，然后是在帝国大学任教。

丸山：外国专家在军队里主要从事军事训练，是为此而请来的嘛。但也顺便教教西洋史或是其他科目。

加藤：幕府这边也是一样的呀。有意识地导入法式训练之类的。所以说"近代化"的第一步就是外国专家、留学生、考察团，再下来就是翻译了。

丸山：日本的近代化的实现，在很大意义上是取决于武士，他们是当时的领导阶层，也是战斗者。我倒不是说这种状况好，但若真是以"士大夫"即由文官来主导的话，日本就不会有这样敏捷的反应了。我以前曾有过这样的假说："幕府末期的内乱唤起了武士们对战国时代的记忆。"武士们的确认为战争的时代来临了。

　　阅读那个时代的文献，诸如"现在犹如足利时代①末期一般"的字样比比皆是。太平盛世一旦崩溃，唤醒的记忆就

---

① 足利时代，室町时代的别称。因为是征夷大将军足利尊氏在京都始创的日本武家政权。

是战国时代。当时的武士整体而言就相当于现代的工薪阶层。国难当头时，传统的武士精神在他们的身上得以重新唤醒。虽然他们也受儒教的文治主义的影响，但不只吉田松阴①，还包括大部分的武士，都把当时的事态当作是军事威胁。我认为若是文治体系的话，是不会反应那么机敏的。正因为当时是武士统治，屈服于列强的武力威胁对他们而言显得格外地屈辱。

1.5　幕藩制国家和领土意识

丸山：我们再来看看中国人的立场。他们认为反正鸦片战争失败了也不过是将领土的一块边角送给夷狄罢了。当然，那也是国土辽阔的缘故。可是，到最后，还是非常固执地要求对方行三跪九拜之礼。当英国的使者来到北京时，皇帝要让他行这种礼，可凭什么战败国的皇帝要求战胜国的使者行如此大礼呢②？你看，在中国最在乎的还是"礼"的问题，某种意义上，重视礼比割让土地更重要。

可是，日本人认为自己是神国，其神圣领土不可侵犯，它和近代国家的领土意识很相似。其意识深处还是因为有

---

① 吉田松阴(1830—1859)，幕末的志士。长州藩士。通兵学，去江户跟佐久间象山学洋学。关心海外局势。1854年佩里舰队来下田时企图偷渡美国而被投入监狱。后来在家乡开设松下村塾培养弟子。因受安政大狱之牵连，在江户被斩首。著有《西游日记》《讲孟余话》《留魂录》等。

② 此处可能记忆有误，应该是指鸦片战争前来访的英国使节拒跪拜礼一事。

藩的存在,幕藩体制在朝鲜和中国都没有,"藩"本身算是半个国家了,实际上在江户时代,用汉字书写时,把藩全部写成"国"。从江户时期的文献资料来看,"藩"这个字使用得非常少。使用日语的固有词和口语时也不说"藩"而说成"主家"或者"某某家臣"。到了明治时期以后,才开始说"藩"。

有种观点我觉得有些过头。最近,有些研究日本历史的学者认为,与其把藩的体制称为封建制还不如说成初期的近代国家。这当然是对过去那种典型的封建制看法的一个反论。于是乎,"幕藩体制"就成了一种"联邦制"的国家了……

总之,"藩"比美国的洲更具有独立性,而且都设有关卡,去别的藩领地还需要"证明"即护照之类的。幕府也没有直接向全国人民征税的权利,他只是拥有"天领"①。幕府的优越性在于它的"天领"要比各藩的领地大得多。所谓"武家诸法度"就是各藩大名小名与将军是主从关系,其他的武士和幕府并没有直接的关系,庶民百姓更是如此。也就是说,幕府是通过大小诸侯来统辖各个"藩",以控制全国的,但是作为统一国家却不掌握对一般民众的刑法权和征税权。从这一点来看,幕府怎么说也算不上是中央政府。

加藤: 不过,幕府在军事上也增加了对藩的限制。

---

① 江户幕府直辖地的俗称。约占 400 万石,相当于总体的 15.8%。除田地以外,全国主要矿山、港湾、交通、商业的重要地点也编入在内。

丸山：是这样的，在建筑城池和制作大炮的口径上都有限制，这是为了不再重蹈战国时代①的覆辙。可是，德川家仍然是众多大名中的首魁，只不过是同等者中的第一人而已。

加藤：矿山应该也是幕府所管辖的吧。

丸山：矿山全部归幕府直接管辖，而且幕府也独占了货币铸造权。

加藤：这是不是意味着封建时代的将军要比欧洲的国王权力更大呢？

丸山：是这样的。

加藤：在这一意义上，足利时代（室町时代）更接近欧洲的封建模式，然而到了德川时代更加中央集权化了。

丸山：如果拿纯粹封建制来比较的话或许如此。不过，研究法制史的石井良助等认为，镰仓幕府是通过"守护""地头"来统治全国的，且有些中央集权性质的，而江户幕府反倒是地方分权制。其中有各种议论，说起来挺复杂的……

加藤：当然说不上是近代国家啦。

丸山：德川吉宗当政的时候财政陷入困境，从各大名那里多征收大米，实行"上米制度"（1722年），大名们私下说："吉宗将军不顾耻辱，下令征税。"荻生徂徕②对此说法十分生气："怎

---

① 应仁之乱（1467年）以后约一个世纪期间，全国主要大名群雄割据，没有国家政治上的统一。

② 荻生徂徕（1666—1728），江户中期儒学家。江户人。本姓物部氏，也称"物徂徕""物茂卿"。初学朱子学，后提倡古文辞学，批判和发展伊藤仁斋的复古学，赞同李攀龙、王世贞的古文辞学。其学说为太宰春台、服部南郭所继承。对国学家本居宣长亦有影响。为柳泽吉保、德川吉宗所重用。著有《辨道》《论语徵》《南留别志》《译文筌蹄》《明律国字解》《训译示蒙》《五言绝句百首解》等。

敢说是将军忍辱呢?"他可是完全站在德川一边,主张将大名的俸禄最高可以削减30万石。所以你看,德川对属于直接主仆关系的大名都瞻前顾后,更何况对间接统治的一般庶民百姓呢!对普通百姓来说,"君"就是藩主,"主家"就是自己主人的家。当然,江户的市民和"天领"的百姓,就不是这样了。

不过,幕府法令对藩法是非常具有权威性的。关于藩法,最近也研究得很深了。大体都是以幕府法令为模板,但尽管是幕府法令的模式,名义上还是有立法主权的。

我们再看看各地方的藩的内部情况,与室町时代不同,已经没有什么纯粹的武士了。武士们都住在城郭附近,几乎都靠吃官粮,成了官僚了。也就是承"名主"①系统下来的武士几乎都销声匿迹了,在这一意义上说,也可以称作小规模的近代国家了。

加藤:对大名的"领地调换"也影响很大,与中世纪的封建制一点也不同了。

丸山:因此,回过头去看一下,废藩置县②的政策得以顺利执行的原因之一也在于此,每个藩都像一个小国家,将之统一起来也就比较容易了。

---

① 地方土豪,关东地区的武士多依附之。
② 明治维新后,1871年明治新政府决定废除传统的封建大名制度,革新日本的政治制度,施行中央集权,设立新的地方政府。三百多个大名放弃其领地"藩",改以新设"县"取代之:1871年全日本有72个县,1888年增至77个县,到现在则改编为47个一级行政区。

1.6 江户时代的翻译论

加藤：江户时代，人们对外语是怎么看待的呢？

丸山：我觉得荻生徂徕很了不起，日本跟中国关系深远，至少知识阶层都能读汉文，也能写，自认为已将中国古典融化为自身的教养。可徂徕却一语道出真相："我们读的《论语》《孟子》都是用外语写的，我们自古以来读的其实只是翻译。"

　　这就跟哥伦布立鸡蛋一样，让大家大吃一惊。日本一般读《论语》就是这样读的："朋（とも）あり、遠方（えんぽう）より来（き）たる、亦（ま）た楽（たの）しからずや"，谁都觉得是在读《论语》，但问题是，这是否忠实理解了《论语》呢？徂徕说，日语和中文基本语法结构不同，将中文颠倒过来读，就难免染上"和臭"。

加藤：这种着眼点是从哪儿冒出来的？

丸山：听起来令人吃惊，实际上徂徕是跟中国人学的发音。

加藤：徂徕因为有柳泽吉保①做保护伞的背景，所以能从长崎请来中文家教。一般的儒者做不到这点。这当然是了不起，但为什么会从根本上感到有直接学中文的必要呢？他是怎

---

① 柳泽吉保（1658—1714），日本江户时代德川幕府第五代将军德川纲吉的侧用人（将军近侍的最高职，向老中传达将军的命令，将老中的呈报传达给将军），虽出身低微却因其深厚的文学造诣和好学被赏识，成为纲吉时代的宠臣。纲吉后期专攻奢华生活，将政事一并交予柳泽。而荻生徂徕则被柳泽重用，先在其宅讲学，进而咨政，并被推荐给德川纲吉。

达到这个境界的呢?真是不可思议。

丸山：这一想法最初反映在徂徕的著作《译文筌蹄》①中,但实质上形成是在晚年以后,五十多岁以后,可以说是享保(1716—1736)以后吧。《译文筌蹄》的成书年代不详,但不会晚于正德年间(1711—1716),那个时代已经在使用"古文辞"这个词了。是在全面批判朱子学之前的那个阶段,也就是在享保元年以后开始执笔《论语徵》之前,开始意识到这么一种比较语言学的方法。

我感到非常有趣的是,福泽谕吉②和荻生徂徕两位有相似之处。或许是我过于醉心于这两位学者,因为他们都有一个特点,能够将不利因素转化为有利因素。就拿徂徕来说吧,他虽然批评了日本人读汉文的方式,但是并没有全盘否定。他不是将变换词序读汉文视为弱点,而是强调想要认识到不同语言有不同结构,就有必要先变换词序来读。

徂徕在《译文筌蹄》这本书中提到了同训异义的问题。例如"静"和"闲"这两个字,虽然日语都读作"しずか",但是在汉语(古代汉语)中却意义不甚相同。他从这点开始,列

---

① 《译文筌蹄》初编卷首《题言》云:"此方学者。以方言读书。号曰和训。取诸训诂之义。其实译也。而人不知其为译矣。""但此方自有此方言语。中华自有中华言语。体质本殊。由何吻合。是以和训回环之读。虽若可通。实为牵强。而世人不省。读书作文一唯和训是靠。"——原注

② 福泽谕吉(1834—1901),思想家、教育家。中津藩士之子。跟绪方洪庵学习兰学,然后在江户开设洋学塾。为幕府所用,曾随使节团三次访问欧美。维新后不仕政府,在民间活动,1868年改私塾为庆应义塾。明六社会员。1882年创办《时事新报》,主张独立自尊和实学,后鼓吹脱亚、官民和谐。著有《西洋事情》《世界国尽》《劝学篇》《文明论概略》《福翁自传》等。

举出所有可读作"しずか"的汉字,并指出这些汉字在汉语中所表示的意思。这样看来《译文筌蹄》也可以说是一部字典。即使现在读起来也觉得既有趣又有用。原本在汉语中用不同汉字表达的部分,在日语中却读作同样的意思。所以日本人用传统的训读方式来读中国的古诗和文章时,也就有可能失去其本来的含义。但是同时,徂徕也主张日本传统的训读方式有其长处,反而比中国人理解汉语还要方便。这是因为日本人虽然变换词序,用日语来读语法及本质上都不尽相同的中文时,却没有意识到读的是翻译,这不行。如果意识到这一点,再来读的话,也许比中国人更能理解汉语的结构。照现在的说法也就是比较语言学了。中国有句古话"不识庐山真面目,只缘身在此山中",中国人觉得对自己的语言最清楚,其实未必,就如同身处庐山之中,反倒不知其真面目一般。

这与福泽谕吉说的"一身二世"非常相似。西洋人是在西方文明的范畴里研究文明,与此相比,日本人研究文明论时,可以用"始创"两个字来形容其难度。但是同时,西洋人必须通过文献来研究几百年前的封建制度,而我们在二十年前还生活在纯粹的封建制度之下,前半生都是如此亲身体验过来的。到了后半生才开始与西洋接触,学习西方文明。正因为这样的"一身二世",才会在前半生与后半生的比较过程中深刻理解到文明的真谛。西洋人是在西方文明的范畴里推测文明的源由,相比之下,日本人的亲身体验不是更加确切吗?也就是说,反过来看,这是一种有利因素,因为对这种困难,我们反倒作为自己的问题有过体验。

这与徂徕的做法有点相似。当然,论及的对象是不同的,只是从比较的视点来看有一致之处。如果日本人用自己传统的读法深刻理解了中国的古典,并且又能认识到这是在通过翻译来理解与自己完全不同的语言,这样的话,通过比较这一方法和意识,他们会比真正的中国人理解得更加深刻。这里蕴藏的问题很有意思。

1.7 开始意识到中文是门外语

加藤: 荻生徂徕知道荷兰语吗?他是怎么看待它的呢?我想他肯定不懂荷兰语,但至少是知道荷兰语的存在的。

丸山: 当然了。在荻生徂徕的《学则》①这本著作里经常提到"侏㒧鴃舌"②,这指的是欧洲语言吧。

加藤: 不只是这样,说得再具体点儿,有日文、有荷兰语、有中文;也就是指当时存在着多种语言并存的现象,他是否已经意识到了文化的多元性这点呢?

丸山: 对、对,当然是意识到了。在他的《学则》里就有所反映。尽

---

① 《学则》,荻生徂徕著。外题、内题均为"徂徕先生学则",此为正式书名。成书于享保二年(1717),与《辨道》几乎同时。江户须原屋新兵卫刊。附录收有徂徕致诸家书翰五通。《徂徕集》卷十七亦收录之。该书简明解说徂徕自己的学问内容和方法。主张为正确读解经书须熟知中文,圣人之道当以拥有宽容之心为本,能够让每个人发挥自己的能力。

② 侏㒧(侏离)是指南蛮音乐。鴃舌即百舌鸟的叫声。转而比喻听不懂的外国话。"侏离、蛮声异声"(《后汉书》南蛮传、李贤注),"今也南蛮鴃舌之人,非先王之道"(《孟子》滕文公上)。——原注

管并没有提到荷兰语①。

加藤：可是,"侏僁駃舌"这个说法太过于譬喻了,实际上他到底意识到了些什么呢? 我们虽然了解得并不是很明确,到底他是否把荷兰语当成另一种语言或另一种词汇及语法体系来看呢?

丸山：其实中文也是属于"侏僁駃舌"的,《学则》里能有这样的见解真是了不起。中文和日文根本就是性质不同的语言,如果认识不到这点的话就不会察觉到是在读翻译;明明是在按带有"和臭"、日语味重的翻译读之,却自以为已经读懂并理解了中国的古典。他认为照那样下去的话,中文大概也属于"侏僁駃舌"了。他把荷兰语和中文一视同仁,就方法论而言这很了不得。

加藤：为什么荻生徂徕能在那个时候敏锐地认识到中文根本就是外国话……

丸山：我也不知道呀。

加藤：这或许和他意识到荷兰语是外语有关系。18 世纪前半叶,德川吉宗宣布对"蕃书"②解禁(1720 年),这里当然不包括基督教的书籍,那个时期由于西书的涌入,"兰学"③也就随

---

① 先于《学则》(1717 年)成书的《译文筌蹄》初编题言第三则里提及荷兰语:"译之一字,为读书真诀。盖书皆文字,文字即华人语言。如其荷兰等诸国,性禀异常,当有难解语,如鸟鸣兽叫不近人情者。而中华与此方,情态全同,人多言古今人不相及。予读三代以前书,人情世态,如合符契。以此人情世态作此语言,更何难解之有也。"

② 江户时代对外国图书,特别是荷兰书的称呼。

③ 兰学,即以荷兰为主的研究西洋学术的学问。江户中期以后兴起,享保年间(1716—1736)由幕府的书物奉行青木昆阳译读兰书开始,出现了前野良泽、杉田玄白、大槻玄泽等学习西方医学的兰学家,随后开始扩展到天文、历学、地理、博物、物理、化学、兵学等各个领域,为日本的近代化做出了很大贡献。

之兴起。当时的很多知识分子都开始对长崎产生兴趣,因为它不单单是通向中国的窗口,也是通向荷兰的窗口。如果说徂徕在 18 世纪初期已经注意到荷兰语是外语,那也不足为奇。话说到这一步的话,最根本的问题应该不再局限于中文或荷兰语,而是他认识到人类本来就拥有多种语言,日语以外还有很多其他语言的存在。

丸山:语言有共同之处,也有不同的地方。

加藤:那当然有很多地方不一样。

丸山:对呀,是有许多不一样。

加藤:即便是当今,就语言而言,仍有很多日本人脑子里只有日语的存在。我觉得荻生徂徕要是已经认识到日语只是多数语言当中的一种,那就非常有意思了。这简直可以说是一种意识上的革命。

丸山:没错,是革命。

加藤:这一点实在是太值得注意的了。中文书接连不断地流入日本,荻生徂徕也一定知道有哪些新出版的书。耶稣会士与中国很早以前就有接触,中国古典的欧洲译本,以及传教士所带来的西书中文译本,大概都是那个时候出版的吧。所以"蕃书"一俟解禁,这些书便随之进入日本。荻生徂徕的思想或许和这些背景有所关联吧。

丸山:耶稣会的那个时代居然有了《日葡辞书》[①]了呢。

---

① 《日葡辞书》,由来日耶稣会士编辑的日语和葡萄牙语的对译辞典,1603—1604 年在长崎出版,全文由葡萄牙语记述,约收录 32,000 词,成为研究中世日语的重要材料之一。

加藤：虽说如此，不过徂徕所处的那个时代，徂徕思想的形成与当时的那种气氛好像有什么关系似的。至于证据就有点儿难说了。

1.8 用比较的角度看问题

丸山：这一点我也不太清楚，不过伊藤东涯①的《助辞考》(1716年)里面已经采用了比较的观点。

加藤：是东涯？难道不是其父仁斋(1627—1705)吗？

丸山：是东涯，仁斋虽然写有词义方面的著作，但是对语言本身却不太重视。相反，东涯在这方面相当出色。《助辞考》就是专门论述日语助词的著作。众所周知，助词是日语特点之所在，而汉语没有。所以说东涯的《助辞考》可以称为日语语法或者比较语法方面的专著。东涯又和徂徕是同一时代的人。另外还有新井白石②，他搞的算是一种比较史学吧。

---

① 伊藤东涯(1670—1738)，江户中期儒学家。生于京都堀川。伊藤仁斋之长子，幼时受家学熏陶，志向学问。宝永二年(1750)父亲死后，继承古义堂，整理、增订并刊行其父的著述稿本。亦努力普及其父的学问，将其父所创古义学派发扬光大。其学问广博，自身始终作为市井学者博览群书，儒学之外还精通汉语和中国政治制度，门徒众多，声望显赫。其著述丰富，有《今古学变》《操斛字诀》《名物六帖》《制度通》《学问关键》《训幼字义》《助字考》《绍述先生文集》等。

② 新井白石(1657—1725)，名君美，号白石，日本江户时代政治家、诗人、儒学学者，在朱子学、历史学、地理学、语言学、文学方面造诣颇深。师从木下顺庵，专习朱子礼仪学数年，永宝六年(1709)成为日本幕府第六代将军德川纲丰的文学侍臣，并于德川家继即位后辅佐幼君。1716年，德川吉宗即位后，新井白石隐而著述。著有《藩翰谱》《东雅》《读史余论》《古史通》等。此外还著有介绍北海道、琉球地理及历史、民俗和社会状况的《虾夷志》《南岛志》。文学方面，以《白石诗草》为代表，留有具有自传性质的《折薪记》《新井白石日记》及其书简集，遗作尚有研究汉字假名的《同文通考》等。

那也是……

加藤：白石在这一点上显然认识得更清楚了。

丸山：对啊！他著作里比较的意识更强，算是一种比较文化史吧。《西洋纪闻》不就是由对监禁在日本的意大利传教士西多蒂（Giovanni Battista Sidotti，1668—1714）的直接审问而写成的吗？当然对不同的文化有不同的理解。当时，从各方面来说都具有划时代的意义。但是就翻译来说，还没有人能像徂徕那样有一套自觉的、完整的方法论。

加藤：我认为白石在与不同文化的接触方面，采取的是有系统、有步骤的方法。他写过《虾夷志》(1720年)、《南岛志》(1719年)两本书，分别描写了阿伊奴民族和冲绳的地理文化。这是两种与日本本岛南北衔接的不同文化。西洋方面，他抓住审讯西多蒂的机会写成了《西洋纪闻》。而且为了理解日本古代文化，他还用到了朝鲜方面的文献，因为他充分意识到朝鲜和中国的不同。毫无疑问，可以说白石已经认识到多元文化的并存时代。

纵观江户时代，徂徕所处的正是知识精英们认识到不同文化交汇的时期，而当时在翻译问题上认识得最深刻的可以说就数徂徕了。

1.9 从荻生徂徕到本居宣长

丸山：明治初期的情形也是一样，在人们意识到不同文化的特性，并想要对其进行更深刻的理解时，就会产生一些独特的思想。虽然这种说法有点反向思考,但至少是一种倾向,福泽和徂徕的出现都是如此。要是照传统的汉文训读读法"朋あり、遠方より来たる……"这样读下去的话,结果就好像成了"同文同种论"了,而且会误认为是同一文明。徂徕最先超越了这一误区。因此,可以说没有徂徕就不会有宣长。本居宣长(1730—1801)所受的影响基本上是源于徂徕所提倡的中文直读,特别是他的古文辞学。

　　至于怎样读,我们可以找出身边的例子,那就是人名的读法了。实际上,看历史书最头疼的就是人名的读法。如果按音来读的话没什么问题,可古人总爱起那些用训读读不出来的名字。

加藤：就连岩波书店出的古典文学大系,在同一作品的不同卷中,对于人名的读法,有具体标注出来的,也有的根本没标,两样俱存。一标出读音就容易引起专家们的争议,所以不如省去。但这样的话,外行就读不出来了。

丸山：即使确定不下来,两种读法都标出来也可以呀。

加藤：我倒觉得加上"通常读作……"之类的会比较好些。

丸山：日语是很难呀！我觉得宣长竟然能把《古事记》读出来。《日本书纪》因为是要不断给朝廷宫内讲解的,所以传统的读法被继承下来了,然而《古事记》是个人编纂的史书,在当时根本不受重视。现在我们把两者并提称为《记纪》,其实一直到宣长出现以后,才真正引起人们的瞩目。因为《古事记》几乎是他一个人解读的,不精通古代日语和中文典籍的话,是不可能的。

　　例如"天地"(あめつち)一词,宣长认为这个词就是用

日语读法来读汉语而成的。在古代日语中，从"天つ神"和"国つ神"[①]中可以找出"天"和"国"这种日本固有的读法。由此类比推理下去，便得出"天地"这一词，他说这可以算是一种造词了。

加藤：这种造词法是宣长作了索引么？还是完全凭记忆呢？

丸山：当时不会有卡片吧！但是，他应该作了类似于笔记的东西。比如他所受到的徂徕的影响，也常反映在那些笔记中。

加藤：可是，他的笔记没有公开出来吧。

丸山：是呀！公开的部分反而都是在反驳。别人说他的古学是受到徂徕的古文辞学的影响，他自己却说根本不是那回事。受影响越深的反倒愈加排斥，这种事在思想史上是常有的。

加藤：他提出的排除"汉意"（即中华影响）之类的，真是不可理解。因为宣长不够坦率，老是藏着掖着，不承认自己深受徂徕的影响，实在不够诚实（笑）。

丸山：读了筑摩书店出版的《本居宣长全集》，让我大吃一惊。我在战前写的论文里，谈到徂徕学的时候，只是尽可能地指出了两者在本质上、客观上的相似性，没有想到宣长实际上读过徂徕的著作，而且受到的震撼和影响那么深。这在刚才说到的宣长的笔记之类里都有记载，我是在这套全集里第一次看到。[②]

[①] 这两个词中的假名つ是上古日语中表示所属的格助词，连接两个名词，相当于现代语的の。

[②] 宣长有一本亲笔记录的小册子，名为《徂徕集》，收在筑摩书房出版的《本居宣长全集》第九卷。其内容均是摘录获生徂徕的文章，可见徂徕学说对他的影响之大。——原注

当对不同文化的认识转变成价值观的时候，一般来说容易产生日本文化优越论的倾向，可是宣长之所以没有陷入片面的国粹主义思想，是因为《古事记传》(1764—1798年)是在徂徕《论语徵》的方法论的基础上产生的。两者都认为不可以用现在的语言来解释古人的语言，不能用现在的词义去理解古典。对历史的差异和不同文化的理解成为一种历史意识，所以要了解远古时代，就必须要了解那个时代的语言体系和话语的表现方式，拿现在的话语的表现方式投影到那个时代是行不通的，宣长和徂徕在这一点上是完全相同的。

加藤：是呀。他们在做学问的方法论上也很相似，都是通过比较文本来切入主题。不只如此，据说宣长还认为如果不实际创作和歌的话是无法理解古人的心境的。就是说要理解平安时代，总而言之就要先试着创作和歌。徂徕则是学当时的中国话，并且努力说中文，甚至连吃的东西都认为中国的比较好。这种对事物的彻底追求，两者也很相似呢。

丸山：这两人甚至连矛盾之处都很类似。徂徕在作诗方面模仿明朝的李攀龙[①]和王世贞[②]；可是一谈到经学便认为汉唐以后的书靠不住。宣长呢，一方面倡导返璞归真，回归到未受汉

---

① 李攀龙(1514—1570)，明代后期诗人。字于麟，号沧溟。山东人。尊崇盛唐诗，擅长七言绝句，与王世贞等同称为七子。著有《沧溟集》《诗学事类》等。

② 王世贞(1526—1590)，明代学者、诗人。字元美，号弇州山人。江苏人。与李攀龙一起倡导古文辞，文以西汉、诗以盛唐为典范。著有《弇州山人四部稿》《弇山堂别集》等。

文化影响的上古时代,另一方面却又在和歌创作方法论上认为要仿效《古今和歌集》①,乃至更后来的《新古今和歌集》②,而这两者都是深受汉文化影响的。

就宣长来说,"古道论"和"歌道论"之间的矛盾正是宣长学说的核心。也就是说"歌道论"所依照的范本是《新古今和歌集》,这个时代早已被汉文化所侵蚀,而且距离"神代"已经很遥远了。他的"古道论"里,则主张"神代"是最纯朴地反映人性的时代;而他的和歌论里,《古今和歌集》和《新古今和歌集》正是和歌的全盛期,是和歌最辉煌的时代。因此在研究宣长时,如何处理"歌道论"和"古道论"的关系是个最难的问题。小林秀雄③写的《本居宣长》里居然没有论及这个问题,这一点挺令我失望。写宣长的时候,这个问题最令我伤脑筋……

加藤: 如果是研究平安朝的话,宣长著有《紫文要领》(1763年)④一书,它是《源氏物语》的注释,那么在和歌创作方面以敕撰集⑤为范本也说得过去。但他的最终目标是《古事记》的话,

---

① 《古今和歌集》,敕撰和歌集之始,20卷。纪贯之、纪友则、凡河内躬恒、壬生忠岑撰。905年或914年成集。收有和歌约1100首,其风格谐调、优美、纤丽。有真名序、假名序。为《八代集》《二十一代集》之首。

② 《新古今和歌集》,敕撰和歌集。八代集之一。20卷。源通具、藤原有家、藤原定家等1205年编撰。收和歌约1980首。有真名、假名两序。其风格优柔,情调妖艳,与万叶调、古今调并称歌调的三种类型之一。

③ 小林秀雄(1902—1983),文艺评论家,文化勋章获得者。生于东京,毕业于东京大学。著有《各种各样的意匠》《无常》《本居宣长》。

④ 《紫文要领》,本居宣长所著,"紫文"指(紫式部所写的)源氏物语。

⑤ 敕撰集,特指敕撰和歌集。自醍醐天皇朝的《古今和歌集》始,至后花园天皇的《新续古今集》终。统称二十一代集。

应该是参照《万叶集》①的风格比较好吧。

丸山：所以说，在这方面还是贺茂真渊②比较忠实于古典。他是以《万叶集》为研究出发点的。然而，对于宣长来说，重要的反而是《古今集》。

加藤：宣长的做法确实有些自相矛盾。

丸山：在他的歌论中常出现"雅"这个概念，这是日本传统美的理念。只有《古今集》最能反映之。《万叶集》的话，在表达上直接坦率，是粗线条的作品；而《新古今集》则又过于流露出温厚优柔的风格。

吉川幸次郎③认为，宣长的和歌并非上乘，同样徂徕的汉诗是模仿唐诗，作的也并不自然。两人在实际创作方面都不甚高明，却都以模仿作为诗论和歌论的理论基础。理论优秀并不意味着实际作品也很出色（笑）。

总之，宣长这个人让人难以捉摸。这样一位优秀的学者怎么会推崇那么荒唐无稽的国粹主义思想呢？我认为同时代的新井白石对古典所作的合理解释也是一种解释的态

---

① 万叶集，日本现存最古的和歌集。20卷。收录自仁德天皇皇后至淳仁天皇时代（759年）约350年间的长歌、短歌、旋头歌、佛足石歌体歌、连歌等共约4500首，也收有汉文诗、书翰等。

② 贺茂真渊，江户中期的国文学家、和歌诗人。远江冈部乡人。师从荷田春满，后去江户授徒教书。专注于古典研究和复兴古道及复活古代歌调。仕田安宗武为国学之师。本居宣长、荒木田久老、加藤千荫、村田春海、楫取鱼彦等为其门人。著有《万叶集考》《歌意考》《冠辞考》《国歌论臆说》《语意考》《国意考》《古今和歌集打听》等。

③ 吉川幸次郎（1904—1980），中国文学研究家。生于兵库县。京都大学教授。在中国古典文学研究方面留下其独特的业绩。著有《元杂剧研究》《诗经国风》《杜甫私记》等。

度。对于神话学的研究可以有各种各样的见解,但像宣长那样视神话为事实的,确实有点令人费解。

但是,他立论的根据倒是挺有意思的呢。比如,对于语言的见解,他在《玉胜间》①这本书里提到人的性方面的事情时,假设了一个没有人类的世界来说人的诞生。在这本书中,他不用普通的语言来写孩子的诞生过程。例如,不说出母乳,而说怀孕几个月后,胸前隆起,有不明所以的像米粥一样的白色液体流出,等等。如果照这样来描写生殖过程的话,大家会认为那是不可信的吧。但这不也写的是事实吗?描写神代的作品《古事记》和《日本书纪》也同样如此。所以他说神代的事也是事实。有人认为神代的事不尽合理,是因为用当代的语言去理解古代的语言或想象古代。这就是宣长的基本观点。这就提醒我们,方法论还是很重要的。

加藤:尽管有那么多方法、想法去研究古代,却把神话说成事实。像《驭戎慨言》(1777年)这样的书,简直就有点近似蛊惑人心的意思了。

丸山:我们所了解的宣长是经过平田笃胤(1776—1843)过滤的。如果仅就宣长自身来看,我想他那些学术上的业绩是孤立的。谈到宣长,人们总会联想起他的国粹主义,但村冈典

---

① 《玉胜间》,本居宣长的随笔集,15卷。成于1793—1801年之间。1795—1812年刊。收录1005条。从中可以考察本居宣长的思想和一些观点。

嗣①的书特别举出他的实证的方法论，实在令人佩服。虽说写得没有津田左右吉②那样透彻，但还是一本了不起的书。

就拿前面提到的《玉胜间》来说，书中卷五有一段赞扬契冲③的地方，还挺有趣的。契冲非常欣赏在原业平④的辞世歌，即"つひに行く道とはかねて聞かしけど きのふけふとは思はざりしを"。对这首歌的解释，契冲认为：有人似乎快要死了，才能悟出些道理，其实那只是胡说。"早知人固有一死，只是没料到来得这么快"，像业平这样面对死亡所表现出的恐惧才是真实的。契冲赞许这种真切的内心表达，而宣长则称赞此为大和魂。我在战争期间讲课时就曾想过：哦，大和魂原来就是这个意思呀。

加藤：嗯，有意思。

丸山：哎呀，说了那么多多余的……顺序都搞乱了。

---

① 村冈典嗣（1884—1946），国学家、日本思想史家。生于东京，毕业于早稻田大学，曾任东北大学教授。著有《本居宣长》《日本思想史研究》等。

② 津田左右吉（1873—1961），历史学者、早稻田大学教授。通过缜密的古典批判，开拓出科学的方法论，主要研究日本、东洋古代史和思想史。著有《文学中所表现的国民思想研究》等。

③ 契冲（1640—1701），江户时代中期真言宗的僧人，古典学者（国学家）。延宝七年（1679年）成为妙法寺住持，以后一直从事古典研究。在探讨《万叶集》的正确解释过程中，发现当时主流的"定家假名遣"有矛盾，从而从《万叶集》《日本书纪》《古事记》《源氏物语》等古典中找出历史上正确的假名用例，将之分类，著成《和字正滥抄》一书。以此为基准的表记法被称为"契冲假名遣"，对后世的"历史假名遣"的形成有很大的影响。

④ 在原业平，平安时代前期贵族、和歌诗人。平城天皇之孙。其传称"体貌闲丽，放纵不拘"，但"略无才学，善作倭歌"。也就是和歌做得还不错，这首辞世歌收在《古今和歌集》卷十六哀伤歌中。

加藤：顺序乱了也没有什么不好的嘛。

1.10 为何采用翻译主义？

加藤：那么，为什么日本在明治时期采取了翻译主义呢？
丸山：大家都知道，马场辰猪①被称为"自由民权运动的斗士"，他当年在英国留学时，用英文写了一本书，名为 *Elementary Grammar of the Japanese Language with Easy Progressive Exercises*（《日本语文典》）。这可能就是第一本系统的日语语法书。里边还收入了一些习题。当时，日语里还没有所谓"grammar"的概念，而马场留学英国，用英语写出了这本日语语法书。

---

① 马场辰猪（1850—1888），生于土佐国（现高知县），入藩校"文武馆"学习，1866年受藩命去江户留学，在福泽塾（后来的庆应义塾）学习政治史、经济学。之后又去长崎学英语。明治三年作为土佐藩留学生赴英学习海军及法学。明治七年（1874）回国。翌年，又作为岩仓使节团成员再次赴英，成为政府留学生。1873年出版的 *Elementary Grammar of the Japanese Language with Easy Progressive Exercises*（《日本语文典》）序文中，对森有礼主张的日语英语化加以批判，这种日语论争之后发展为"国语国字问题"，与大槻文彦的《言海》和前岛密的废止汉字论一起成为早期讨论日语论争的先达。1875年10月在伦敦出版 *The English in Japan: what a Japanese thought and thinks about them*。1876年9月出版 *The Treaty between Japan and England*。之后又去法国。通过留学他学到了言论及思想的自由和"公议舆论"的重要性。明治十一年（1878）回国后在《朝野新闻》《自由新闻》上与中江兆民等一起介绍自由民权运动。又与末广重恭等组织"国友会"，成为自由民权运动的领导人。明治十六年（1883）被警视总监桦山资纪禁止在东京从事政治演说，其后改以著述为主。明治十八年（1885）11月21日以违法爆炸品取缔规则被检举，与大石正巳一同被捕。翌年6月2日被判决无罪后，6月12日流亡美国，继续讲演批判政府。明治二十一年（1888）患肺结核和肺炎死于费城宾夕法尼亚大学医院，享年38岁。

加藤：那是明治六年，也就是1873年的事吧。

丸山：对，是在英国那边出版的。

加藤：您知道是哪家出版社吗？

丸山：这本书出了好几种，但最早的是英国的特吕布纳公司（Trubner & Co.），好像是一家德国人开的出版社。

加藤：是在伦敦发行的吧。

丸山：嗯。明治二十一年（1888）又出版了增补版，其中的序文部分与第一版稍有变化。初版原来的序文内容正是回答了加藤先生刚才提到的问题：为什么采用了翻译主义。那实际上是对森有礼的一种反驳。

　　森有礼自己也很有一套，他那本 *Education in Japan* 很有名，实际上也就是《书简集》①，1873年1月由纽约阿普尔顿（D. Appleton）出版公司出版。在其序文里展开了有名的议论，主张要用英语来替代日语，因为大和民族的语言中没有抽象词，所以仅靠自民族的语言是无法将西方文明接纳为日本的。因此，不如趁此机会干脆采用英语。对此进行反驳的就是马场的序文。此文非常有趣，他提出的意见是如果日本采用了英语会怎么样，肯定是上流阶层会与平民百姓使用两种完全不同的语言。

加藤：啊，那他的看法可真厉害。在印度至今仍存在的重大问题之一就是阶级隔阂，其主要原因是经济上的差距，其次是语

---

① 全称是 *Education in Japan*: *A Series of Letters Addressed by Prominent Americans to Arinori Mori*,1873。

言问题。

丸山：真了不起。在马场的序言里，确实也将印度的事实引以为证，指出国民不论身份的高低贵贱，都应该说同一种语言。

加藤：在印度没有一种语言可以在任何地区和各个阶级都通用。政客们在全国各地进行演说时，如果使用英语的话，不分地区到哪里都能讲得通，但也只是对上层社会而言。如果使用特定地区的语言的话，那么这地区所有阶层的人都能听得懂，可是其他地区的人根本无法听明白。这可是一个很难解决的问题，实在是两者不能兼顾。也就是说日本的情况与之不同，特意采用英语是一种很愚蠢的做法。

丸山：森有礼提出的把英语作为国语的说法，正因为是在明治初期，才会显得非常有趣。在马场的那个长篇序文里，他阐述了这样一种危险性：如果语言不同，不仅不能成为一个统一的国家，还会将大多数下层阶级的平民从国家大事中排挤出去。也就是说由于掌握英语是件很难的事情，这就会使一般大众和上层社会的知识分子的语言分化开来。如果重要的事情都用英语来处理的话，那么就只有懂英语的上层阶层来管理国家大事，而民众就会被疏远于国家大事之外。

加藤：把社会视为一个有上下阶级区分的构造，并且把每个阶级都与各自的文化相互结合。这种洞察在当时还没有任何人能够明确地意识到。

丸山：然而，采用英语的主张在当时看来已经是不现实的了。所以马场辰猪在明治二十一年增补版的序文中删除了这一段。也就是说本来就是单对森有礼的反驳。在明治六年的时候还不知道情况会如何发展,孰是孰非还是混沌不清。到了明治二十一年,将英语作为国语已经被认为是根本不可能的事,所以将那部分删掉了。

马场辰猪去世以后,在明治三十四年(1901)出了第三版。书中增加了大量例句,尤其是日语例句相当有意思。他用拉丁字母来拼写日语,例如:"なんとかでございます",还加上英语解释。在说明日语部分中,最有意思的是有关前置词的论说。马场辰猪认为应该把它说成是后置词。例如:用日语说"江戸に行いきます"(去江户),表示方向的助词"に"是置于名词后面的,所以应该称作后置词。可这么一来又找不到与其相应的英语,又为了让英国人明白,方便起见,索性使用前置词。例如:在解释"……に""……へ"的时候,还要特意事先声明这里应称为后置词来讲。这一点真是了不起。

加藤: 那真是先见之明。这种后置词的提法现在也还在用呢。

丸山: 对将来时和过去时的时制说明也很有意思。虽然有些地方牵强附会,可也无法强求,毕竟是作为日本人第一次讲解语法,没有可以借鉴的东西……书不太厚,收在岩波全集(《马场辰猪全集》)里。译者大概是安永梧郎,他是第一个写马场辰猪传记的人(《马场辰猪》,1897年)。这本书虽然早已绝版,但最近由美铃书店出版了翻印本。

另外,马场辰猪对森有礼也是持半赞成态度的。他因留学英国,所以几乎都讲英语。他认为与日语相比,英语在理论及逻辑性方面有很多优势。但是,同时他认为日语也有日语的优点,那是用英语所无法替代的。例如:"山"不光有山脉的意思,在用于以金钱利益为目的的时候,日语的"山を当てる"便成了赌注的意思,这个意思用英语说起来很烦琐,而用日语则可以一言以蔽之(笑)。你看这种分析了不起吧。算不算优点暂且不论。

1.11 翻译与激进主义

丸山:总之,翻译潮流的到来比想象中快得多,影响也非常大。前些日子,遇到了安冈章太朗①,我们好久没见,闲谈中谈到了福泽谕吉和他的嫡传弟子植木枝盛②,两个人本质上的不同是福泽读外文原版书籍,而植木因为不懂外语,所以只能读译文。另外,安冈又阐明了自己的意见,他说读译文的人容易偏激。用他的话来说,知识分子的激进主义,与

---

① 安冈章太朗(1920—2013),小说家。生于高知县。从东京市立第一中学升入庆应义塾大学文学部预科,但1944年被征兵入伍。翌年因病免除兵役。1948年毕业于庆应义塾大学英文科,复员后患脊椎骨疡,过着时卧时起的穷困生活。1951年发表的《玻璃鞋》成为芥川文学奖的候补,得到文坛认可;1953年发表的《阴郁的欢快 恶友》获第29届芥川奖。1954年结婚后创作活动更加旺盛,1959年获野间文艺奖,1967年获每日出版文化奖。2013年1月26日去世,享年92岁。

② 植木枝盛(1857—1892),自由民权优秀的理论家、活动家。作为土佐藩中等武士之子生于现在的高知市。热心出席各种演说会、基督教说教等活动,曾因投稿《邮便报知新闻》而被监禁2个月。西南战争之际(1877年)回乡参加立志社,从事民权运动。1886年成为高知县会议员。当选为第一届众议院议员。主张国约宪法、一院制国会、改正不平等条约、普通选举、男女同权、妇女参政权、废除娼妾等。1892年1月23日在东京病院去世,死因有疑。

读了自由民权和社会主义的译文是有直接关系的。

这种说法并不完全是错误的,我们可以以赫伯特·斯宾塞(1820—1903)[①]的 *Social Statics* 的翻译为例。松岛刚[②]把这本书的书名翻译成《社会平权论》,这一译法是不恰当的。Statics 是静力学的意思,它与 Dynamics(动力学)相对应。若被译成《平权论》,就带有"平等主义"的倾向了。这样一来,斯宾塞的作品便自然而然地被自由民权运动者奉为圭臬了,可见这跟书名的翻译是有直接的关系的。斯宾塞到了晚年变得愈加保守,所以,他当时决不是激进派。因为斯宾塞所写的社会进化论全部都是主张均衡理论,因此说他是塔尔科特·帕森斯[③]的先驱会更合适一些。而书名翻译成《平权论》的话,便自然被自由民权的人当成圣典了。由此可

[①] 斯宾塞(Herbert Spencer,1820—1903),英国哲学家、社会学家,倡导综合哲学、普遍进化论和社会有机体论,是理论社会学的创始人之一。明治十年代在日本是最具影响力的思想家之一。原著 *Social Statics* 出版于 1851 年,1881—1884 年由松岛刚译为《社会平权论》,据说一时间洛阳纸贵,畅销几十万册。自由民权运动领导人板垣退助(1837—1919)将之评为"民权教科书"。——原注

其著作有《综合哲学体系》(*System of Synthetic Philosophy*)(1860 年)、《教育论》(*Education*)(1861 年)、《个人与国家》(*The Man Versus the State*)(1884 年)、《自传》(*Autobiography*)(1904 年)等。

[②] 松岛刚(1854—1930),明治至昭和期的地理学者、政治家。纪州藩士松岛钦右卫门之子,生于江户。在大阪川口居留地跟美国人学英语,1876 年进入庆应义塾。在庆应幼稚舍、茨城县水户中学、埼玉县不动冈中学任教后,转任东京英和学校(青山学院的前身)教员。1884 年翻译出版斯宾塞《社会平权论》,给当时的自由民权论者以极大的影响。著书颇多,特别是地理学方面,为明治的地理教育做出了贡献。译著尚有《斯因顿万国史要》(1887 年)等。

[③] 塔尔科特·帕森斯(Talcott Parsons,1902—1979),第二次世界大战后美国最著名的社会学家,现代社会学的奠基人,哈佛大学教授,对社会学的发展做出了极大的贡献。其主要著作有《社会行动的结构》《社会系统》《经济与社会》《关于行动的一般理论》。

见,通过翻译,可产生意想不到的效果。

加藤: 听说植木枝盛没有读过原文,是真的吗?

丸山: 据说他看不懂。安冈自己也是土佐人,他调查了许多当时的事。原来我不是很清楚的,据他说马场辰猪的英国留学,虽说是从土佐藩送出去的,可是最初并没有被选中。最初被选派的人,出国之前在江户的吉原逛妓院时,引起骚乱,最后闹到不得不剖腹自杀的地步(笑)。不得已,作为替补,马场被选中了。安冈说,他本来想把这件事写成小说的,因为资料不够,没有写成。

不过,马场被选派时,才19岁左右吧,也许是太年轻就出去留学的缘故,荻原延寿①也经常这样说,马场的汉文水平很差,差得让人吃惊。在这一点上,马场和中江兆民②完全不一样。那时的日语是以汉文素养为基础的,所以马场的英语能力比他的日语要强得多。除了刚才说到的《日本语文典》以外,《条约改正论》等也都是用英语写的。

经过两次英国留学之后,马场变成了自由民权运动的斗士,后来因此被逮捕,直到最后流亡海外。马场出狱以后,马上就去了美国。他可能是日本最早的、因为政治原因

---

① 荻原延寿(1926—2001),生于东京,东京大学毕业,日本的历史学家。
② 中江兆民(1847—1901),明治时期的自由民权思想家。本名中江笃介,号兆民、青陵、秋水。土佐高知藩出生。1871年渡法留学,1874年返回日本成为东京外国语学校(东京外国语大学)校长。1881年为《东洋自由新闻》主笔。1882年创刊《政理丛谈》,节载了卢梭的《民约译解》(现译《社会契约论》),倡导天赋人权之说,给予日本民权运动以极大的影响。一生主张"民权为至理,自由平等乃大义",被称为东洋的卢梭。主要著作有《三醉人经纶问答》《一年有半》《续一年有半》等。

流亡海外的人。在当时,森有礼是驻美国的公使①,他那里经常收到国内关于马场的报告。因为马场在美国宣传反政府的言论,想让他回国,却又不能。② 在美国,马场直到生命的最后一刻,一直在倡导自由民权思想。

加藤: 植木枝盛没有出过国吗?

丸山: 他没有出去过。他所属的自由党系③的人几乎都没有出去过。自由民权派的人,比福泽他们晚了一代呀。但中江兆民是个例外,他是在"巴黎公社"(1871年)④发起时去的法国。也就是说,明治十四年的政变⑤之前,改进党⑥系的人,

---

① 这里可能丸山的记忆有误,马场1886年6月至1888年在美国期间,当时的驻美公使应该是陆奥宗光。森有礼在美期间是1870年年末至1873年底,返回日本后任外务大臣,两年后又出任驻清国公使等,且1886年12月出任首任文部大臣,1889年2月遇刺身亡。

② 马场辰猪晚年用英文写的小册子:*The Political Condition of Japan*(《日本的政治状况》)封面上特意用罗马字印有一句日语:*Tanomu tokoro wa tenka no yoron. Mezashu kataki wa bogiyakuseifu*("依靠的是天下舆论,指向的敌人是暴虐政府")。——原注

③ 自由党,明治十四年(1881)以板垣退助为中心结成的政党,提倡法国式的激进的自由主义,主张主权在民、一院制议会、普通议举。明治十七年(1884)解散。主要赞同者有植木枝盛、末广重恭、大石正巳、中江兆民等。

④ 1871年趁着普法战争后的混乱,巴黎民众于3月宣布成立巴黎公社,建立自治政府。这是世界上第一个由劳动人民建立的自治政府,但在两个月后遭到政府军的镇压。

⑤ 明治十四年10月11日的御前会议上决定中止立宪政体方针,罢免大隈重信等人参议。

⑥ 全称为立宪改进党,明治时代自由民权运动的代表性政党之一,简称改进党。明治十四年政变后大隈重信于1882年4月16日成立,自任初代总理,副总理是河野敏镰,小野梓、牟田口元学、春木义彰辅助。主要成员有矢野文雄、沼间守一、犬养毅、尾崎行雄、前岛密、鸠山和夫、岛田三郎、箕浦胜人等。与自由党的区别是主张立宪君主制、二院制议会、制限选举(有一定资产的人才拥有选举权)等英国式的议会政治。受到大地主和城市资本家以及知识分子的支持。1896年解散。

因为多在政府里工作,出国的机会比较多。比如,政治小说《经国美谈》(1883年)的作者矢野文雄①就出去过。政变后下野的这帮人,经过自由民权运动,成立了立宪改进党。

1.12 关于《译书读法》

丸山:另外,刚才前面提到的矢野文雄,他写过一本书,就是怎样阅读翻译著作的《译书读法》。这本书是明治十六年(1883)由报知社出版的,现在收录在旧版《明治文化全集》的《外国文化编》(1928年)里。这本书值得一读。在序文中,一开头就提到"当今,译书出版盛行,其数已达数万卷,岂止是汗牛充栋"。也就是说,翻译潮流像洪水一样到来。人们都沉溺于其中。这与现代的情形相同。虽说翻译数达到几万卷这种说法有些夸张,但的确已经进入了翻译的时代。这本书就是在这种情况下写成的。

加藤:那可真是难得的啊,那可是在明治十六年呀!

丸山:矢野文雄为何撰写了这本书呢?《明治文化全集》在昭和初年出版时,矢野文雄还活着。据当时的记录,他的籍贯是大分县,而大分县鹤谷那地方有一个民间组织,称"译书周览

---

① 矢野文雄(1850—1931),号龙溪,日本明治时代政治家、小说家、民权论家,主著《经国美谈》《浮城》《新社会》等。由福泽谕吉推荐在大隈重信手下当官,1881年与大隈一同策划成立改进党。1883年出版的政治小说《经国美谈》获得很大反响,1884年2月又出版续篇。翌年为视察海外报业历访欧美。1897年应外务大臣大隈的请求,任驻清国特命全权公使。

社"。那是乡里的人们仿效当时英美传阅图书的做法创立的"读书会",一共有十几人,大家传阅翻译书。其中心人物是为《译书读法》写序的吉浦生。可是,当时大家不知道从何读起、怎样读才好,所以向矢野先生请教。因此,才有了这本书。

实际上,矢野已经送了几十本书给吉浦生了。他在赠书的同时,就写了《译书读法》,后来出版的就是这本书。例言是由矢野文雄本人写的,说明首先应该阅读哪些书,其次再读什么书。最后,列举了具体的书名。内容是从地理排起,其次历史之类的……

加藤:当时已经翻译了那么多书呐。

丸山:所以选什么书也是很讲究的。总之,不像是随便说说而已。矢野文雄先是逐一查阅了收藏在内务省图书局的《译书目录》,然后再确认原书。所以,他才信心十足,说自己绝不是只看了一下书的目录而列举的这些书名。还说另外又"仔细调查了数千本",那可真是劳苦功高了。别说序文中提到的"数万卷",就是"数千本"也都够了不起的了。你看,这里所举的都是些相当著名的书。已经翻译出来的都有几千本呢。①

---

① 《译书读法》的序中说:"当今,译书出版盛行,其数已达数万卷,岂止汗牛充栋。这诚然是件好事,但利弊相伴也在所难免,随着译书数量的增多,世人亦随之困惑于阅读的先后次序,或只知其书名而不知其书中内容。或不知道想要了解某一事该读哪些书?或哪种书在其领域内最为有益?……今年,与南丰鹤谷的士人相谋,组成译书周览社,致信矢野先生,请他送些有益的译书……"矢野自己在该书"例言"里说:"所列出的译书书目均参照内务省图书局所藏的译书总目录以及自明治初年以后的版权书目等,就其数千部一一仔细调查,且认为有益之译书皆一一批阅其实物,然后选定之。绝非仅看其书名就记载之。"另外,据《明治文化全集》解题称,鹤谷为大分县佐伯郡的别称。——原注

加藤：涉及所有的领域了吗？

丸山：从自然科学、地理，到所有领域都包括。由"疏"至"密"循序渐进。先是从"疏"讲起的……

加藤：也就是先讲概论吧。

丸山：还有，矢野在《译书读法》最后的部分还讲到阅读翻译有两种方法："精读法"和"粗读法"。"精读法"指的是精读细读；"粗读法"指的是泛读多读，即使读到稍有难懂的地方，也暂略过不问。用现在的话来讲就是精读和泛读，他认为两者各有长短：例如精读则不能多读，粗读则囫囵吞枣。所以，要尽量把握好两者的尺度。

另外，他还用到"连结"这一词，推荐大家把不同领域的书联系起来读。比如说，在地理书上出现了意大利，就先记住这个国名。往地中海方向去，就出现迦太基①，于是记住它的所在。然后，在历史书上读到汉尼拔②越过阿尔卑斯山脉这一场面，就要用连结之法把地理和历史联系起来理解。当读到"从迦太基进攻罗马"这段时，对照地理书再确认一下世界地图就会很明白了："啊，原来是在这儿！汉尼拔是以这样途径，越过阿尔卑斯山脉攻进

---

① 迦太基（Cathago），古国名。存在于公元前8世纪—前146年，位于今北非突尼斯北部，临突尼斯湾，当东西地中海要冲。公元前9世纪末，腓尼基人在此建立殖民城邦。公元前7世纪，发展成为强大的奴隶制国家。首都迦太基城（今突尼斯城），与罗马隔海相望。公元前3世纪与罗马争霸，最后因为在三次布匿战争（Punic Wars）中均被罗马打败而灭亡。

② 汉尼拔（Hannibal，前247—前183年），迦太基名将。第二次布匿战争大破罗马军，但最终败退，自杀。

罗马的呀。"

加藤：当时,读翻译作品的人的一般修养和知识都达到了哪种程度了呢? 不像现在的孩子,他们在学校里没学过意大利在哪儿之类的问题,所以对意大利、阿尔卑斯山脉都要从头记起吧。

丸山：但是,他们在小学里……

加藤：已经知道意大利了吗?

丸山：他们地理学得很早。当时,迫在眉睫的是要了解世界各国的情况,所以早就知道地理、西洋史了。

总之,我觉得值得一提的是,他们把学习地理和历史,两者结合起来学习,这是非常了不起的见识。若是只分别记地理或历史的话……

加藤：那可就没完没了了吧。

丸山：对,对。我不知道矢野的那本书卖了多少。但至少可以肯定,与现在相比,当时的人们更加重视如何对待翻译潮流的到来。

加藤：我也觉得是这样的。

丸山：现在不管什么作品都翻出来,大家都习以为常了。

加藤：不过,明治初期就已经翻译出来的作品的确不少……

丸山：所以,我觉得当时森有礼所提倡的把英语作为国语的观点,即为什么会持有反对翻译主义的想法,是非常难得的。

加藤：我原一直以为,明治时代人们的生活并不是与翻译那么息息相关的。我觉得那个时候翻译书出得太少,人们不管愿意与否，都只能读英文原版。因此，就产生了这样的想法：虽然明治时代翻译的书很少，但是到了大正时代，定价一日元的翻译书①却潮水般涌来，备受欢迎。理所当然的，读英文原版的人也就越来越少了。简单地说，就是知识面变得宽泛了。而那些明治时代的人对欧美文化的造诣之深，正是因为当时他们不得不阅读英文原版吧。

丸山：的确不像你原来所想的那样啊！

加藤：如此说来，明治时代的人并不一定读的都是原版，因为在他们身边已经有了很多翻译书。但是，像文学作品之类的，还是大正时代翻译得更多一些吧。

丸山：从大众文化的角度来讲的确如此啊！在这个意义上，岩波文库（1927年开始发行）也具有划时代的作用。特别是外国文学作品，我差不多都是通过岩波文库读的。但是，在旧制的高中里，却充满了一种气氛，就是说不读原版就算不上真正的高中生。你要说那是一种精英意识的话也的确如此，总之是要求大家读原版的。我也是觉得文学之类的不是自己的专业，所以才读的翻译版，要是自己专业方面的话，还是得读原版，那时大家一般都是这样认为的吧。

加藤：岩波文库的作用的确是很大。总之，既有横向的国际宽度，又有纵向的历史深度。当然也有一定的局限性，比如从横

---

① 元本时代，指1926年（大正十五年）至1929年（昭和四年）流行的定价一册一日元预订的刊行物的总称。由于预订价格是一本一元，所以称为元本。后来大量生产的廉价全集、丛书之类的也称元本，这一盛行时期称为元本时代。

向的宽度来看,翻译出来的作品主要偏重于欧洲的语言,较少涉及阿拉伯语或亚洲语言(中国的古典另当别论);从历史的深度来看,中世纪的作品翻译得比较少。尽管如此,在岩波文库里,我们还是可以读到柏拉图、笛卡尔、陀思妥耶夫斯基、歌德等人的作品。

第2章 译什么？如何译？

2.1 为何历史书翻译得最多？

丸山：我的印象是，到了明治二十年左右，首先是历史书的翻译最多。《万国史》就有不少吧，最先是彼得·帕利的《万国史》①，其他还有很多②。地理书译得多是能够理解的。你要开国，不知道哪国在哪儿不行。可是，为什么会看上《万国史》之类的呢，还有托马斯·巴克尔的《英国文明史》③、基佐的《欧洲文明史》④都相当受推崇。

---

① 彼得·帕利（Peter Parley，1793—1860），本名 S. G. Goodrich，原著为：*Universal History on the Basis of Geography*（textbook），London，1838 年；明治十九年九月牧山耕平译作《巴来万国史》。

② 尚有前面提到过的松岛刚译自英国的 *Outlines of the World's History* 的《斯因顿万国史要》三卷（明治十九年，1886 年）。

③ 巴克尔（Henry Thomas Buckle，1821—1862）：英国历史学家，主著《英国文明史》。原著名为：*History of Civilization in England*，日译为《英国开化史》（翻译局译述，实为大岛贞益所译，明治八年（1875）出版），另有土居光华、萱生奉三译《英国文明史》十册（明治十二年至十六年）。

④ 基佐（François Pierre Guillaume Guizot，1787—1874），法国历史学家，政治家，在七月王朝时期任首相。主著《英国革命史》《欧洲文明史》《法国文明史》等。其《欧洲文明史》（*Histoire de la Civilisation en Europe*，1829—1830 年出版）在日本同时有三个译本：一是荒木卓尔、白井哲夫译、西周阅《泰西开化史》（1874 年根据英文本重译）；二是永峰秀树译《欧罗巴文明史》十四册（1874 年）；三是室田充美译，翻译局译述《西洋开化史》上下两卷（1875 年）。

加藤：是不是自古以来就有一种很强的意识，觉得要了解一个国家就必须要知道其历史。

丸山：仅从实用主义角度上来说，好像说明不了问题。

加藤：并非实用主义。但是，江户时代不是已经有地志了吗？地志主要是以历史为主的。所以，要想了解外国，想知道它在什么地方，按传统的想法，从语言上、文化地理学上、人类学上看，不就是从历史上看的意识最为强烈吗？对哪个国家感兴趣，不就是首先想知道其社会文化的背景后面有哪些历史吗？

丸山：所以，（江户）比起后来的时代要看得准得多，我想。

加藤：那是的。时代越往后，对历史也就越不关心了……

丸山：首先，必须要了解历史，这在欧洲是一种常识。

加藤：这不也是日本儒家的常识吗？

丸山：也许是的吧。

加藤：在中国，儒家的常识不正是这样的吗？

丸山：嗯，也可以这么说吧。不管怎样，虽说没有什么直接的用处，但当时的人们还是想要去了解文明开化的历史沿革——能有这种想法，我觉得难能可贵的。历史书翻译大体上可以分为两类，即世界史和国别史。世界史像彼得·帕利的《万国史》主要是以欧洲为中心，从现在的角度来看也可以称作是欧美史。国别史除了英国史、法国史等，连希腊史、罗马史也被翻译过来了。像孟德斯鸠的《罗马盛衰原因论》（*Considérations sur les causes de la grandeur des Romains et de leur décadence*）在明治十六年被译成《罗马盛衰记》，共计三册。这种想要把罗马的伟大及颓废都翻译出来、抱着想要真正了解罗马的古代及古典的意愿的著作，正如我刚才所说，单从实用主义角度出发是解释不了的。如果没有想要彻底弄清欧洲文明的由来这一态度，是不可能的。

加藤：的确如此。特别是日本，邻近历史悠久的中国，在接受它的文明的时候，经常从历史的角度观察之。日本的儒学家在这种意识下便养成了一种习惯：理解他国文明也就是理解他国历史。于是在面对西洋时，便想看看西方诸国的历史和《三国志》有什么不同，它们有着怎样的社会构造，王朝的兴亡又是如何更替的。也就是说，日本学者把研究中国的那一套方法照搬过来了。是这样的吗？

丸山：正因为如此，反过来说，随着日本不再照搬那套模式，低俗的现代主义及实用主义才得以如此蔓延。

加藤：随着日本懂汉语的人越来越少，儒学也逐渐式微，人们对历史的关心也就减退了，这一现象恰好从侧面证实了——研究中国的方法是可以适用于研究西方的。总之，日本人的汉文阅读能力和对历史的关心程度都急剧下降了。

丸山：主要是缺少了那种了解历史背景的动机。

加藤：现在日本人对历史的关心程度之低尤甚。与欧洲人自然是无法相比，甚至连美国人都比不上。在欧洲人眼里，美国是个称不上有历史的国家。但是美国人对历史的关心程度也比日本人要强。要知道在明治初期日本人对历史的感觉可是最敏锐的。那时日本人有一种倾向，凡是接触到的外国文明都要放到历史的语境来研究。

丸山：这一点，现在正好相反。我想，如果把主要原因归咎为汉学的衰退，那么其次就是学校制度及应试制度造成的。在我的学生时代就有"历史就是死记硬背"的说法，因为不得不去死记硬背那些与自己毫无关系的历史事件，大家才变得讨厌历史。我想这在很大程度上是受了与应试制度相结合的历史教育的影响。虽说这种影响在战后加剧了，但绝不是在战后才开始有的，在我们那个时候就已经是这样了。从历代天皇的年号开始，所有东西都要背下来。什么"神武、绥靖、安宁、懿德、孝昭、孝安、孝灵、孝元……"等等。

2.2　注重历史是缘于日本的儒教吗？

加藤：在儒教的思想中家族的延续显得尤为重要。国家的历史极受重视也跟儒教的影响恐怕是分不开的。往大里说，在中国的儒教框架内，你想要了解某个时代、某个社会，首先你必须得用历史的眼光来看问题。

丸山：虽说都是儒教，但同时觉得日本的儒教这点更明显。

加藤：是吗？……

丸山：说得再具体一点儿，就是在所谓的经、史、子、集中，中国人最重视的是"经"，其次是"子"，然后才是"史"，最后是"集"。整个人类文化归结于经、子、史、集中。"经"排在最前，即经典。它并不受历史局限，而是贯穿历史的圣典。所谓五经、六经等都是超越历史的真理，这是最为重要的。正因为如此，当时的科举考试都是考这些，从不出历史方面的题目。

按价值观排序的话,最重要的是"经",其次是"子",也就是各种思想的书。然后才是"史",即历史书。

加藤:但在经典里不可能知道特定的国家或家庭。

丸山:从中国的分类、价值观的顺序来看,"经"永远是真理。正因为如此,中国人觉得你如果精通"经",那也就相当于通晓现代了。当然自《史记》以来,中国就有撰写历史的优良传统。但是如果没有改朝换代的话,那很难说呢。正因为有了改朝换代,才有了反映各个朝代的二十四史那样的书,但价值判断的基准始终是"经"。

日本当时特别崇拜先进国中国,对于"经"的重视,也让日本人不得不学中国历史。春秋战国时代是封建制,而秦以后便进入了郡县制。对于这段历史,大家都学过。因为封建制是由古代圣人提出来的,所以经书的内容与当时的中国历史知识大体相同。日本正是因为对先进的中国十分推崇,以此为邻,所以就非常关注其历史及地理。

我的想法是在中国,人们对永恒更感兴趣,而在日本,人们把所有的一切都放在历史的坐标上来看,不太关注什么永远、永恒之类的。竹内好曾说过毛泽东有一种永恒的思想。当然那只是竹内好的印象。因为是马克思主义,本来是要遵循历史法则的,但仅凭这点是解释不了毛泽东的。竹内好认为,毛泽东的骨子里有一种追求永恒的思想。这其实正是中国人的传统观念,比如"天"就是超越历史的至高无上的。印度也类似,它更是超越历史了,所以越发趋于形而上学。如果换成日本,则是以历史为中心了。正因为如此，实证主义在日本非常盛行，人们对形而上学，即所谓的基本原理，或对那些超越历史的真理不是很感兴趣。这样说虽然有点夸张，但相对而言，关注的程度是很低的。

加藤： 比较而言，的确是有这种倾向。

丸山： 可是当日本以实证主义的眼光看待中国的优秀文化时，就必然要注意到自《史记》《汉书》以后的历史书，当然还有《左氏春秋》。这些都是作为必读文献来精读的。于是在日本，通过汲取优秀的中国文化，同时迎来了历史与经书的一体化。

在日本，如果单就儒学家而言，可以说很重视经典。但是荻生徂徕主张的始终是"学问说到底就是要吃透历史"（《徂徕先生答问书》），我想他当时很关注朱子学，才有了对抗朱子学的性理及形而上学的意识，强调历史才是基础，不能不学历史。这反映了徂徕的一个侧面。在当时以经学为中心的儒学家中，他有些特殊，而在某种意义上说他的这种态度更接近于日本的思想脉络。因为就儒学来说，还是以经学为主的。

加藤： 没错，这一点跟欧洲很相似。

丸山： 我也有同感。

加藤： 比如说希腊啦，罗马啦。

丸山： 这俩都是追崇永恒的规范准则。

加藤： 同时，我们知道欧洲人实际上是极重视历史的。不管是英、法，还是19世纪以后的德国，之所以这样是因为他们认为希腊、罗马跟自己不同，想要在历史轴上找到自己的定位，可以说参照物是希腊、罗马吧。对日本来说就是中国啦。

丸山：所以，我们可以说中国就是古希腊、古罗马的延续，一直保留着追求永恒的思想。

2.3 喜欢看的史书

加藤：中国可是很早就有颇具规模的完备的历史书了。

丸山：日本人对史书、历史之类的书要比《论语》《孟子》喜欢得多。

加藤：比如说《三国志》啦。

丸山：是啊，还有《战国策》之类，虽然说不上是历史书。

加藤：算是历史故事。

丸山：吉川幸次郎也曾说过，中国的读书人，哪怕是读过《战国策》，也显出一副没读过的样子。就像《三五历纪》[1]之类，《日本书纪》中"开天辟地"部分[2]都是拿它作为材料铺垫而成的，但在正统的儒学家眼里，那只能算是杂书。日本总有一种以中国为上的心情，所以，哪怕是杂书，也跟正儿八经的经书一样看待。中国的历史书反倒在日本最受推崇也是事实。据说就连讨厌儒教的福泽谕吉，也说读《左传》读得都快能背下来了。还是喜欢历史啊，因为不是直接的伦理

---

[1] 《三五历纪》为三国时代吴国人徐整据古书整编，内容皆论三皇以来之事，为最早完整记载盘古开天传说的一部著作，此书已佚，仅存部分段落。

[2] 《日本书纪》开头的几行是："古天地未剖。阴阳不分。浑沌如鸡子。溟涬而含牙。……故天先成而地后定。然后神圣生其中焉。"其内容是将《淮南子》《三五历纪》等中国古代传说糅合而成的。——原注

说教,就是单纯的好玩呗。

加藤:在中国,小说,也就是编造的故事似乎不大看重。也是吉川说的,尊重事实,比空想重要的真事才被称为"文学"。经书算是一种规范吧,而小说是不被认可的。所以实际的人物怎么想、如何行动,最后也就成为历史了,或者变成历史故事了。

丸山:嗯,话是可以这么说……,不过,事实固然重要,但通过事实予以正名,这才惟此尤大。孔子自己删定《春秋》就是这个意思。也就是作为人生何为正谬,纵观历史才能明白。对事实感兴趣,不在其本身。所以,历史是从属于"道"这一永恒的规范的。艺术也一样。于是乎,什么为艺术而艺术啦,对历史本身感兴趣啦,都是上不得台面的。

加藤:那,《史记》该怎么说呢?……

丸山:《史记》有点特殊,作者司马迁算是个例外的天才!一般说起历史,脑海里首先浮现出的就是"编年体",完全想不到"纪传体"。怎么会冒出那种体系的历史思路,真是值得思考的大问题。我觉得司马迁不像是个儒家。

加藤:是吗?算是个例外啊,的确,就连"太史公曰……"也没有一点说教味。嗯,那不是儒家的说教,倒有点近似法国人说的"道德家"那类人的想法。

丸山:是有点相近。注重人性或人的生活。

加藤:也就是类似人的心理活动描写吧。

丸山:说到这些,吉川曾反驳我说,不对,那是因为日本的儒学家将儒教作为修身指南都超出实际生活以上了,和"我国的"

儒教不一样啊(笑)。就跟一经翻译就容易走极端有些相似。你实际看看《论语》:"有朋自远方来,不亦乐乎""学而时习之,不亦悦乎",这哪儿有什么说教味,完全不就是人的感情表露嘛。

加藤:吉川可了不得,他将中国的事可是说成"我国"的呀。

2.4 道德的体系化过程

加藤:说教是从孟子开始的吧。孟子的思想伦理性强。《论语》和《孟子》最大的区别就在于:《论语》对道德的论述不是那么成系统,但尚有道德家式的对人性方面的洞察;而《孟子》与此不同,所展开的是条理清晰、极具伦理性的说教。

丸山:所以说,徂徕与其他日本儒学家有着本质上的区别。他不接受《孟子》以后的思想。

加藤:如果跟徂徕学的话,儒学也许并不一定都是那么说教式的吧。

丸山:是的。徂徕反倒是最反对说教主义的。就连《论语徵》中,他都尽量避免说教式的解释,在某种意义上甚至可以说是牵强附会。徂徕的作品不是什么修身教科书,而是解译论语的典范。

加藤:朱子的思想就是说教式的了。既有形而上学的一面,同时也包含说教。

丸山:从另一个角度来看的话,徂徕也有说教性的一面。那就是政治伦理方面。虽说是说教,但跟道德主义还不一样。所以对《论语》中"攻乎异端,斯害也已"一句,朱子解释为:"攻,专治之也。若为学,便当专治之,异端,则不可专治也。"也就是专治异端就会迷失真正的道,所以有害。这是修身式的解释。而徂徕则不然,他认为"异端"是与政治权力对立的少数派或反对派,"攻"顾名思义,是"攻击"。这句话的意思就成了:攻击异端会带来反效果,所以最好避免。[1] 这种观点是很富有政治性的。仅就江户时代这种关于"攻乎异端,斯害也已"解释的分歧来看,就很值得研究。

伊藤仁斋[2]也是反对朱子学的修身论的,但他完全是学者型的。朱子的注释中有:"异端,非圣人之道,而别为一端",所以"专治而精之,为害甚矣"。说的是立于圣人之道之外的杂说、学问等称为异端,而对于这些异端不能究极。然而,诸子百家的出现是在孟子的时候,孔子的时代"岂有诸子百家乎",也就是还没有所谓的异端。所以,仁斋的《论语古意》中称:所谓异端,重在"端"。他认为,"攻乎异端,斯害也已"的意思是,不究其本质而只是着眼于无关紧要的细枝末节就会有害,这才是"攻乎异端,斯害也已"的意思,而

---

[1] "子曰攻乎异端,斯害也已"语出《论语》为政第二,徂徕在《论语徵》中解释说:所谓异端,考之于汉、晋诸史,多谓人怀异心者。乃多岐之谓。人怀异心则立马攻之,必激发反变。所以,孔子诫之。——原注

[2] 伊藤仁斋(1627—1705),江户时代前期儒学家。京都木材商之子。28岁时将家业让给其弟,埋头做学问,初随朱子学,后批判其说没有正确把握孔、孟之意。致力于《论语》《孟子》的研究,在京都堀川自家宅开塾古义堂教育弟子,开创独自的古义学。门人三千,被称作古义学派、堀川学派。其子东涯(1670—1736)也是著名学者。

并不是说不能学诸子百家。关键不是"圣人之道"与"诸子百家"的关系,而在于本质与末梢的区别。

加藤:那"异"又怎么解释呢?

丸山:"异"就是不一样,有所不同。与"(其)他""多(面)"同义。故而也可写作"他端""多端"。就是说,各个方面的末梢的研究做多了,就会迷失本质的道。

加藤:那结果到现在,这个"攻乎异端……"的解释,还是没有确定下来吧?

丸山:这个很难说呀,不太清楚。

加藤:不管是吉川幸次郎的注释还是贝塚茂树的注释,都没有给出一个确定的解释,只是好像在说:"好了,我暂且先这样解释吧"。

丸山:那是因为朱子的《四书集注》在徂徕学出现以后便失去了绝对的权威,而这一时代我们至今仍在共享吧。

加藤:当然,是的。

丸山:但是在那之前完全不同,那时候所谓"异端",意义上还是与西方的 heresy(异端信仰、异说)或是 heterodoxy(异端、异说)很相近,应该是"荒唐、不像话"的意思。所以,把 heresy 啦 heterodoxy 什么的译成"异端",也许就是想起《论语》的"攻乎异端,斯害也已"这句话,觉得"对呀,就这么译吧"。

加藤:原来就这样把 heresy 译成了"异端"的呀,"异端"这个词是从这儿来的啊。

丸山:很有意思吧。

加藤:但是《论语》的原文中,没有上下文,只有这么一句"攻乎异端,斯害也已",不管怎么想也还是很难理解的呀。

丸山：对呀,因为那只是对孔子说的话做的记录。

加藤：不管怎么说,哪怕是孔子,不可能只说那么一句吧。记录者在茶余的冗谈中只记下这么一句,这自然让别人很难理解了。但也正因为这样,该如何解释,其实很关键,《论语》中不乏这些引人深思之处。

丸山：实际上,儒教本身以"五经"的形式形成一大道德体系,是在汉代以后。在那之前,还没有完全形成,那时还是像法国的那种道德家似的以传道为主。

加藤：就像法国思想家蒙田①那样。

丸山：而汉武帝以后,将孔孟之教树为国教。而且,后来朱熹对《四书》诠释,更是推进了儒教道德体系的形成。②

加藤：于是乎,儒教的那套框架就开始束缚人了。

2.5 从"仁"到"仁义礼智信"

丸山：四书和科举制度结成一体,儒教的道德体系就更加完善了。如果看了伊藤东涯③的《古今学变》(1718年)就更能领会到

---

① 蒙田(Michel Eyquem de Montaigne,1533—1592),法国文艺复兴后期、16世纪人文主义思想家、知识权威和批评家,是一位人类感情的冷峻的观察家,亦是对各民族文化,特别是西方文化进行冷静研究的学者。以《尝试集》(*Essais*)三卷留名后世。尚有《旅行记》等。

② 朱熹(朱子)在《论语》《孟子》之上,又加上从《礼记》中抽出来的《大学》和《中庸》,构成"四书";而"五经"是指易(易经)、书(书经)、诗(诗经)、礼(礼记)、春秋(春秋左氏传)。——原注

③ 伊藤东涯(1670—1736),伊藤仁斋之子,亦为著名学者。

这种变化,那是一部杰出的作品,写的是关于古今的学问如何演变的,我因之受益匪浅。

比如,孔子只是提倡"仁"。"仁义"这一词是从孟子起,把"仁"和"义"并提而论的。孟子在解释"四端"①也就是恻隐(同情心)、羞恶(羞耻心)、辞让(谦让心)、是非(分别心)的时候,比如他说:"恻隐之情为仁之端",那么其他三种情感也必须齐备。于是,分别存在的"仁""义""礼""智"一一对应,就出现了"仁、义、礼、智"并提,然而,还没有提到"仁、义、礼、智、信"。孟子一般只是将"仁义"并称,只有和四端相联系时,才成为"仁、义、礼、智"。

再进一步,到了汉代,出现了加上"信"在内的五常。后人误以为好像在孔子的时代就已经有了"仁、义、礼、智、信"这一说法,而其实孔子连"仁义"都没有并提过,只是讲"仁",这也是徂徕反复强调的。总而言之,在徂徕看来:因为孟子喜欢辩论,为了与荀子和墨子对抗,提出了"仁义"这一概念。他针对荀子而提出的性善说也是在辩论中产生的理论;而为了抨击墨子,如果只讲"仁"的话,就容易被墨子提出的"兼爱"所淹没,即无差别地爱一切人。于是要把"义"同时提出来,强调因人而爱的一面。因为墨子的爱是无差别的爱,所以孟子要提出"仁义"来加以区别。这样看来,所谓性善说啦、"仁义"并称之说啦,都是在相互辩论圣人之道时而得出

---

① 人生来就有的德的萌芽,称之为四端。即恻隐(同情心)、羞恶(羞耻心)、辞让(谦让心)、是非(分辩心);培育四端由"恻隐"至"仁"、由"羞恶"至"义"、由"辞让"至"礼"、由"是非"至"智",则得以实现四德。

的相对化的结果。以上是徂徕的看法,而关于"五伦""五常"的范畴出现在什么时代,至此是怎样变化的,徂徕的观点与伊藤东涯是一致的。

加藤:在那么早的时代就认识到这个问题了?

丸山:的确很早。在东涯的《助字考》中,就已经关注到那些语词,从而形成的方法论就是不能用后世的语言范畴来论及以前的语言框架。应该是从"仁"先到"仁义",再到"仁、义、礼、智",最后转变到"仁、义、礼、智、信"。于是,所谓的五伦五常啦、阴阳五行等概念,在人们看来,就好像最初就存在的儒教哲学似的(其实并非如此)。

2.6 逻辑用语及其用法

丸山:接下来,我们再回到矢野文雄的《译书读法》上来,他在那本书上提到,书的分类是一件非常重要的事情,东洋的分类有些粗,应该像西洋的图书馆那样,分得更细致一些。这样一来,就可将各种图书进行分类。有趣的是,作为分类过疏的例证,他举的就是"仁、义、礼、智、信"。他说"仁、义、礼、智、信"中的"仁、义、礼、信"是指人际关系,也就是交际规则。然而,"智"与它们不是同一性质的,它是处理事物所不可缺少的一点。把它们归到一起,可见东洋的分类法是多么粗糙。

加藤:在这一点上究竟有多大程度的普遍性呢。也可能有翻译的影响这一问题,说到翻译的问题,就会关系到原文固有的论点。我下面谈的论点之一,正是这个问题。

第一点就是原因论的关系,即因果关系,例如,在翻译的文章中,像"为何""之所以这样……是因为"这类用词有渐渐增多的趋势。在日本,至少在明治以前的文章中,不会这么频繁地出现类似英文"because"的表达。然而,在欧洲语言中,这种表达会不断出现。到底该怎么译才好呢?

第二点我认为是现在的"分类"问题,也就是究竟应该怎么分类的问题。在日本,无论对和歌还是诗歌的分类,从很早以前就有很多的项目内容是交错重叠的。也就是说,不是"相互独立"(mutually exclusive)的。像这样的分类法西洋人是很不喜欢的,从亚里士多德(前384—前322年)以来的分类法来看,会觉得日本实在很奇怪。中国恐怕也是这样认为的。但日本的分类法却不回避重叠。所以说在"仁、义、礼、智、信"里,只有"智"的性质不同,这一指摘是非常有趣的。如此一来,就会出现这样一个问题,即违背严格分类原则的部分究竟该如何处理。

第三点是"全体"的概念。或者是说数的表示方式的问题。关于"完全"和"若干""其中一个""任意一个"这些表达,英语里可以通过使用冠词来表达得相当彻底,并且也可以用"all"和"some"来表示出来。但这样的说法日语一般来说都不用,例如:"江户时代的几个武士""所有的武士"之类的。只说"武士……",因为没有冠词,所以意思不明白。这些话用日语是怎样翻译出来的,我想是件非常有趣的事。

丸山: 不止这些,不只是翻译的问题……说点我自己的亲身经历,您别见怪。那是上世纪60年代大学动乱的时候,全共斗①的学生张口就说"学生如何如何……",那么你问他:"你所说的学生,究竟指的是谁?"是坚守安田城②的学生呢,还是防守在别的学部的反对派的学生呢,或者是指那些两边都不参加、对运动漠不关心的学生呢。这种问法可能会认为有些刁难,但一般来说是应该说清楚的呀。

这与刚才你提到的表示"全部"的概念也有关,例如:日本国宪法第一条的政府原案中有"日本国民的总意向"(日本国民の総意)的说法。就好像全体日本国民自由表达的意向便是象征天皇制得以存在的根源。用这种说法来表达原文的主旨真是非常狡猾,往坏里说甚至是有意识的操纵,对吧,"总意向"语气非常强。为什么呢?因为平时只有在全场一致赞同的情况下才可以用"根据与会者的总意向"这一说法。我认为"总意向"这个词的使用是"一亿人民一条心"思想的延续。从新宪法的原则来讲有些蒙骗欺人之嫌。将天皇的象征地位按照"the sovereign will of the people"(最高的民意)翻译成"依据拥有主权的日本国民的总意向",这完全是有意识地钻日语表述上的空子,即日语表达中存在的盲点。如果读者敏感一些的话,应该对"总意向"一词提出质疑。可居然没人引起重视,到底是"一个人"还

---

① 全共斗,正式名称为全学共斗会议,1968—1969年在日本各大学成立的学生联合组织,与当局对立,要求解散大学。

② 安田城,占据东大安田讲堂的全共斗称安田讲堂为解放讲堂、安田砦或安田城。

是"一群人",或"所有人"……①

加藤：的确如此。现在常用日语中"一个人""一群人"" 所有人"没有明确区别。在数学的"群论"②中会成为致命的问题。按"群论"的说法就是或"零"、或"数人"、或"全部"。"一个人"虽然包含在"数人"中,可是却有很大的差别。在这个问题上含糊不清的话,理论无法成立。

这虽然不能上升到理论问题上,但是英语在很多场合下就能有意识地加以区分。江户时代的文章里这种区分不太见,如何处理这种不同,是翻译还是不翻译？作为翻译问题我觉得相当有兴趣。

丸山：石田雄君曾写过一篇论文。是有关中村正直③的《自由之理》与穆勒的《论自由》(*On Liberty*)④的比较。题目是"J. S. 穆勒的《论自由》与中村正直及严复"。后来收在《日本近代思想史上的法与政治》(1976)中。我记得,那篇论文指出："全体人民"这一说法,在原文里是没有"全体"这个词

---

① 日本新宪法第一条：天皇是日本国的象征,是日本国民整体的象征,其地位以主权所在的全体日本国民的意志为依据。（天皇は、日本国の象徴であり日本国民統合の象徴であつて、この地位は、主権の存する日本国民の総意に基く。）

② 群论(Gruppentheorie)是数学研究的一个领域。特别是有限群论的进展显著。

③ 中村正直(1832—1891),洋学家,教育家。号敬宇。生于江户。学习儒学、英语,1866年奉幕府命赴英。组织明六社,致力于普及启蒙思想。贵族院议员。译有《西国立志编》《自由之理》。

④ 约翰·斯图亚特·穆勒(John Stuart Mill,1806—1873),19世纪英国著名经济学家和哲学家,是詹姆斯·穆勒的长子。1823—1858年在东印度公司任职,1865—1868年任英国下议院议员。著有《逻辑体系》(1843年)、《略论政治经济学的某些有待解决的问题》(1844年)、《论自由》(1859年)和《功利主义》(1861年)等书。

的,翻译时加上后变成"全体人民"。还有写为"人民"的,可还有"人民"就是"政府"的例子。也就是说指出了"人民"与"政府"的概念混淆等其他问题。

　　石田君和我都是研究严复[①]和福泽谕吉,以及中村正直对穆勒、斯宾塞的思想接受问题的,接着做下去的是石田君担任年报委员长期间出版的特辑"西欧政治思想在日本"(《年报政治学》,1976年)。再其后继续研究下去的是松泽弘阳君,他写了一篇论文名为"《西国立志篇》与《自由论》的场域"。冈和田常忠君也在那个时期和其它成员一起制作了明治常用翻译词卡片,例如:这单词在字典里是这样译的等等。在《自由之理》中列举了你刚才所讲的关于单数和复数的区别用例。例如:将"全部人民"基本上与"政府"意思相同,或是不加区别地使用……"社会"这个词的由来也是与此相关的。为了与作为统治体的国家相区别,那么区别的意思到哪一块为止,这些都是问题之所在。

加藤:对于这些抽象的语词,值得关注的例子好像有很多。

丸山:那就是"How"的问题了。也就是如何翻译的问题。

2.7 "个人"与"人民"

丸山:说起不区分复数与单数,我倒想起"民权"这个词来。"自由民

[①] 严复(1853—1921),中国近代思想家、学者。字又零陵,号几道。清朝末期翻译介绍西欧近代思想在知识界产生巨大影响,后来主张拥护传统。严译的代表作有《天演论》《原富》等。

权运动"在日语里是一个普通的词，可西方人译起来却很辛苦。现在基本上翻译成 freedom and people's rights movement，但当初感到非常别扭。就是因为没有 people's right 这种说法，因为 right 始终都是个人的权利，没法成为民权的意思。

注意到这点的还是福泽谕吉。他说，都在说民权，其实是混淆了人权和参政权。人权是个人的权利不是人民的权利。所以国家权力不能侵犯人权即个人的权利。人民具有参政权，在这一意义上说民权的话，是不分个人和人民大众的。这种感觉很是敏锐，他区别作为集合概念的人民权利和作为每个个人的单独的（individual）权利。

翻译问题比较麻烦的是，在译法国民法的时候，应该是箕作麟祥吧，他把 droit civil 译成了民权。但这里指的是财产权或民法上的私权，和自由民权论完全不同。droit civil 按严格意义上讲，应该译成人权；而另一方面，一般通用的都应该译成民权。这也主要是因为日语中没有复数和单数之分的缘故。

加藤：人权这个词难道没有一直在用吗？

丸山：左翼的人攻击福泽，说他的民权论等于是与国权论妥协了。就人民权利而言，他有些实用主义，绝不是过激思想，但一直到晚年都在持续说人权。用这个词，从明治维新当初，一直这样区别使用下来是非常少的。

倒是明治十年代的有名的流行歌曲什么都敢唱："嗨哟，哪怕那人权还不自由，政治自由一点也就行。"也就是说，civil right 没有也行，沾上点 political（参政权）就可以

加藤：民权跟参政权绑在一起了,是这么回事吧。那样的话,会不会排除平等呢。

丸山：当然会。把自由和民权绑在一起就有问题。我们的学生时代,有消极的自由,即来自……的自由;也有积极的自由,即向往……的自由。在欧洲,像社会保险等本来就是"来自……的自由"的成分较多,后来逐步开始强调后者"向往……的自由"了。而且魏玛宪法成立时,就有一条著名的条款"财产权伴随着义务"[①],也是最初的宪法条款。对于法国革命以来私有财产的神圣不可侵犯,它显然是添加了保留意见,开始向社会性倾斜。这也正符合纳粹的共同体思想的主张。我们这代人都是受过社会主义洗礼的,总是觉得说什么私有财产的神圣不可侵犯太不像话,是不对的。国有的当然好,或者说全国的土地都是属于代表日本的天皇的,那也比私有财产的绝对性好得多。当时这种想法很普遍,也与魏玛宪法以后的世界潮流很合拍。

尾崎行雄(1859—1954)当年来东大讲演时,跟来了很多警卫(怕遭意外),他就帝国宪法的精神说道:"我们的私有财产,就是天皇也不能碰一根指头"。相当震撼啊,用的虽是敬语及敬语辅助动词,当然也不忘交代了一句前提"不按法律的话"。但这可是在那个(军国主义)时代呀!

---

① 世界各国宪法都把私有财产权作为一种基本人权加以规定,并把它视为个人享受其他基本权利的前提和基础。1919年德国魏玛宪法第153条第3款规定:"财产权伴随着义务。其行使必须同时有益于公共的福利。"

加藤：在欧洲政治思想方面，因为有人权，所以人人自由平等。这是连着的。可在日本是撕裂开的。人权跟自由相关联，而民权和平等相连接。也就是可以有跟自由无关的平等，和跟人权无关的的民权。但是你知道，从前就有一种平等主义。

丸山：那就是一君万民嘛。只有君主是特别的，其他万民皆平等，贵族也好，平民也好。中国古典不是有普天率土一说吗，那就是平等。"普天之下，莫非王土，率土之滨，莫非王臣。"（《诗经》）那也是一君万民。翼赞会时代①曾流行一种说法：妨碍天皇与人民之间关系的是幕府式的存在。除去天皇，底下一律平等的思想还是很盛的。

加藤：现在的宪法尽管强调人权和平等，但深入人心的是平等，从传统上看也是如此。即便不是美国强加的，人权可是从来没有的（笑）。要说翼赞会运动有着民主主义的装饰，纳粹时代正是如此。个人自由等于零，自由主义和民主主义的冲突显露得一览无遗。

2.8 "如果"与因果论

加藤：在要说如何翻译这个问题时，比较有意思的一个是逻辑用语。不过，关于这点我还想再问一下的就是"如果"这个词，就是具有排中律性质的"如果"。比如说，某一个命题，正确

---

① 翼赞会时代，即 1940—1945 年期间。这期间解散全部政党，结成大政翼赞会，作为国防国家体制的政治组织，为战争动员倾尽全力。

还是不正确,究竟是哪个,在只有这二者择一的时候,如果正确的话就是这样的结果,如果不正确的话就是那样的结果,非此即彼,这就是全部,其他的可能一概不去考虑。我想问的就是这种想法是否出现过,假设有了这种想法,那又是怎样被表达出来的呢?

接下来可能有些偏离翻译这个话题,我曾经有一次在新井白石的书中遇到"如果"这个词。是出自《读史余论》里的话。在源义家讨伐了叛乱的武士,平定了奥州之后,朝廷对其既没有进行惩罚也没有给予功赏。白石认为这有点不对。如果是私斗的话,朝廷就必须对义家进行惩罚。如果是为国而战的话,那么义家就应该因为讨伐了朝廷的敌人而得到功赏。可是,朝廷却赏罚皆无。所以白石认为,这与私斗与否的事实判断无关,实际上是朝廷处理上的失误。① 应该说非"私"即"公",非"公"即"私",只有这两种情况存在啊。这一点很有意思。除此之外,像这样的例子还有吗?

丸山：在我的印象里还真是没有……

加藤：不知道这是不是白石独创性的见解呢?或许也不是吧。

丸山：白石的思想通常不都是很合逻辑的吗?

加藤：在翻译的时候,会有这样的情况。比如说,在读了中江兆民

---

① 《读史余论》(1712年)是为将军德川家宣准备的日本历史的讲义稿,讲述政治变迁及各个时代的政治。这里应该指的是其中卷里的一段话:"因私而战使其任地凋零近十年,并未因此定罪。既然其无罪,也就应该无功。"(私の戦闘に任国を凋弊せしむる事十年に及ばざ、などその罪刑をさだめられざる。すでに其罪にあらずむば、これその功などなかるべき。)

翻译的关于批判基督教的文章之后,会发现在法语的原文里,是将自由和必然对比着来看的。基督教认为,如果不蒙神的恩宠,人类就失去行善的能力。中江兆民在反驳这一观点的段落里,有这样一个论点:如果恩宠是必然的,那么人类将失去自由;但是如果拥有自由,即使没有恩宠,人类自身也应该能够行善。因此,恩宠的必然和人类精神上的自由是不能两立的。在那一段里出现的 nécessité、liberté、morale 中,没有使用"必然"这个词。但据说加藤弘之①曾经用过"必然"这个词,这个译词是早就有的吗②?

丸山:说到与自由的对比,大概最早还是西周③吧。在他的《百一新论》(1874 年)里是怎样使用的呢? 其实西周的思想是源于奥古斯特·孔德④,在哲学素养方面他当然是最优秀的。他认为,道理和物理是有区别的,而将两者混为一谈,则是

---

① 加藤弘之(1836—1916),思想家、教育家。生于兵库。但马国出石藩士。男爵。为明六社的成员,早年在《真政大意》中讲述天赋人权和自由平等,致力于立宪政治的启蒙,但后期《人权新说》里则提倡社会进化论,反对平等说,否定天赋人权论。历任东京大学总长、帝国学士院长、国语调查委员会长。著有《真政大意》《国体新论》《人权新说》等。

② 有关"必然"一词,丸山在这里没有回答。该词在罗存德的《英华字典》(1866年)里对译 necessarily;日本译书《刑法论纲》(干河岸贯一,1879 年)中已有用例,井上哲次郎的《哲学字汇》(1881 年)用"必然之理"对译 necessary truth。

③ 西周(1836—1916),哲学者、启蒙思想家。津和野藩医之子。留学荷兰,回国后任开成所教授。与森有礼等结成明六社,介绍西方哲学,普及启蒙思想。著有《百一新论》《致知启蒙》《百学连环》等,创造了许多学术用语。如"科学、哲学、主观、客观、本能、概念、观念、归纳、演绎、命题、肯定、否定、理性、知觉、感觉、总合、分解"等译词。

④ 奥古斯特·孔德(Auguste Comte,1798—1857)法国哲学者、社会学家。人类知识的发展经过神学的、形而上学的、实证的三个阶段,建立了社会学的体系。后倾倒于宗教,提倡人类教。著有《实证哲学教程》《实证政治体系》《主观的综合》等。

儒教所犯的错误。再有一个就是正统观念（Orthodoxie）。孔孟的不妥之处就在于其站在正统的立场上，亦即是被批判为政教合一的。西周将这个词写成片假名（オルトドクシー），是因为那时还没有适当译词的缘故吧。至于物理和道理的问题，因为西周是信徂徕学的，所以恐怕他是从太宰春台①的《经济录》里学来的吧。春台是将物理即事物的条理整理成法则概念了吧。

加藤：当然，这要追溯到语言学上所说的原意上去吧。如木纹、木理之类的，有这么一种原始的对"理"的看法。

丸山：因果也说得很多。

加藤：因果是从佛教来的。

丸山：原本是因果报应。不知从什么时候开始变成了因果必然。像原因、结果这些词福泽是用的。据他所讲，历史都有其远因与近因。像幕府被打倒的远因就发端于天明时代。随着当时人们的知识逐渐增多，出现了滑稽讽刺书籍，暗地里开始批判幕府。到天明、宽正②以后出现的事态变化都算作远因。另一方面，作为近因则提到了佩里舰队叩关。这是福泽区分的幕府被打倒的远因与近因。也就是说托马斯·巴克尔书里有一个词叫 remote cause。我想是不是"远因"的翻译。能用到这类词的，在江户时代的文献里，如赖山阳的

---

① 太宰春台（1680—1747），江户中期的儒学家。信浓人。名纯。字德夫。别号紫芝园。师从荻生徂徕，在经世学方面发展了徂徕学。其学问涉猎天文、律历、算数、字学、音韵、医学等各方面。经典的注解亦十分缜密，著述甚多，有《论语古训》《朱氏诗传膏肓》《老子特解》《斥非》《经济录》《紫芝园稿》《圣学问答》等。

② 天明为江户后期光格天皇朝年号（1781—1789）。宽正（1789—1800）紧接其后。

《日本外史》《日本政纪》①和新井白石的《读史余论》吧。不过,我查过赖山阳的书,没有找到。

加藤: 可能新井白石会用那样的词吧。

丸山: 他提倡区分时代。

加藤: 首先,他是主张因果论的。

丸山: 对,他是想过朝廷统治为何变成了武家政治②这一问题。

加藤: 不知从何时出现了像因果链(causal chains)那样的想法。而持类似观点的、近一点的,思想史上有富永仲基③。据他所讲,先有了性善说,而后便出现了性恶说。有了性恶说之后,才又出现了即非性善又非性恶之说。就是说,可以设想这些都是出现在某一种前提条件下的。

丸山: 徂徕是在相对意义上说的。他说在孔子以前的文献里根本没有出现性善说。到了荀子,因为他提倡性恶说,孟子才针对性地提出了性善说。所以,这是一种争论后的概念,并不是圣人之言。从这种意义上来讲,也是有条件的。

---

① 赖山阳(1780—1832),江户后期儒学家。通称久太郎。别号三十六峰外史。生于大阪。随父春水移居广岛。然后到江户跟尾藤二洲学习。京都有书斋名"山紫水明处",与文人交往甚多。关心修史,擅长诗文,书法亦出色。著有《日本外史》22卷,汉文体。1829年出版。《日本政记》16卷,汉文编年体政治史。山阳死后弘化二年(1845)出版。尚有《日本乐府》等。

② 武家政治,武士掌握政权所行使的政治。征夷大将军所开设的镰仓、室町、江户三个幕府的政治。

③ 富永仲基(1715—1746),江户中期思想家。号谦斋。出生于大阪,以酱油酿造业等为家业。入其父创立的怀德堂,从三宅石庵学习阳明学,通佛典及新道,对神、儒、佛进行历史的批判。因著《说蔽》批评儒教被怀德堂破门。又著《出定后语》批判佛教,提出要将所有教义学说相对化的观点。

加藤：富永仲基可能也受了徂徕的影响吧。虽说不是直接的,但与徂徕的弟子倒是应该有过接触的。

丸山：他的"加上说",认为越是对久远往昔的解释说明,就越是以后编造出来的可能性大。就这一条到现在仍然是神话学上的重要命题,竟然通用于世界,这在日本是很少见的。比如,所谓的日本的开天辟地之论正是这样。国家的起初是个什么样子,那些煞有介事的说明都是后人加上去的。

加藤：但他那套东西,在江户时代没人关心吧,除了佛教的僧侣所写的一些反论之外。为了攻击佛教界的反论,平田笃胤还写了《出定笑语》①(1811 年左右的讲义)。总而言之,还是本居宣长欣赏富永仲基,称他为思想的天才。

2.9 究理较真的态度

丸山：让我们把话题重新回到"排中律"去,我们先不谈白石,我认为逻辑性的讨论方式是不大合适日本人的。赤穗浪士②事件就是个典型。荻生徂徕有一封《拟自律书》,属于私信,有些地方不大清楚,但其中他提到要区别"公"和"私"。据他

---

① 《出定笑语》4 卷,平田笃胤著,文化八年(1811)成稿,嘉永二年(1849)出版社。根据《出定后语》来抨击佛教的书。

② 赤穗浪士,指江户时代 1702 年 12 月 15 日黎明,为主君报仇而刺杀仇敌吉良上野介的原赤穗藩家臣 47 人。他们的藩主因砍伤吉良上野介而受到德川五代将军纲吉的裁定要他切腹,这为赤穗事件的开端。一年后,家老大石内藏助良雄带领包括儿子在内的 47 位武士秘密潜入江户,于 14 日深夜,集结于吉良府邸附近。15 日拂晓按照部署攻入吉良府邸。吉良上野介被刺后,首级奉献于江户泉岳寺的亡主内匠头墓前,体现了武士为主尽忠的精神,宽慰了亡主的英灵。后被幕府同样赐切腹死。

所说，触犯了国法，就得判死罪。用武士道的方式来自我了结，那就是出自私情的。所以可以看出，他是坚持判死刑的。一般人接受不了的。

加藤：据说徂徕向柳泽吉保进言，他的话对幕府的判断产生过影响，是史实吗？……

丸山：嗯。《拟自律书》不是徂徕的亲笔，不算确证。但从徂徕公私分明的思想来看，似乎是真的。为"私情"而复仇，作为武士道来讲是了不起的。所以不能砍头，只能以剖腹之礼（让他们去自杀）处置之。但他认为触犯了国法，如果用武士道的方式来解决的话，是不行的，必须得执行死刑。从这点来讲，他是非常公私分明的。

我曾经写过文章说：徂徕并没有说"私"不好。他只是说按朱子学那一套的话，"私"不好，对他来说，"私"是有领域性的区别。必须区分属于"私"的领域和属于"公"的领域。

所以，他说文学是属于"私"的领域，不能将劝善惩恶那一套带进来。这一点我认为是被本居宣长继承了。文学是私事的一种，它跟天下、国家大事是没有关系的，因为天下、国家是属于"公"的。可是，这并不意味着国家和文学有上下之分。他说学问也是私事。可能是因为他自己就是终身以学问为业的，把自己做的学问明确说成是私事。所以，统治国家和做学问是不同领域之别，并不存在着价值上的区别。在儒学家中，我认为他的这种态度是很少见的。

加藤：太宰春台也是持同样观点的吧。

丸山：春台更彻底了，他把徂徕的见解，徂徕没有涉及的地方，都彻

　　　　底地抛根挖底。结果,导致徂徕学的评价变坏也可以说是春台的责任吧。因为春台太追究问题的理论和逻辑关系了。

加藤：还因为是一种"翻译"吧。所以弟子比老师更激进。(笑)

丸山：他有一句有名的话遭人指责,说什么来着?也就是说,调戏妇女是罪恶的,但如果只是在心里想的话,没有什么大不了……①

加藤：和《圣经》迥然不同吧。

丸山："见妇女就动淫念的,这人心里已经和她奸淫了",与这种圣经的信条主义正相反。本来荻生徂徕也有类似的解释。也就是显露在外的很重要,心中怎么想的那是佛教,佛教是探索内心的;而儒教则是注重人际关系的。这是徂徕学的基本看法,所以,等于是政治哲学。但是,太宰春台认为君子与小人之别在于行动上是否调戏了,心中起"邪念"没什么,只有付诸行动才成问题②,也就是将规范彻底地置于外在的可视化的情况下。他的老师徂徕还没说到这一步,只是说那是什么,圣人之德是什么,所以春台就更遭人嫌了。区别道德和政治,不问内心世界,这点是源自徂徕的,但徂徕没有那么彻底地外在化,而春台就更彻底了。

加藤：江户时代在所有的哲学层面基本上都是对立的吧。当时的

---

① 太宰春台《辩道书》里原文是:"圣人の道には、心中に悪念起りても、能礼法を守て、其悪念をそだてず身に不善を行はざれば、君子と申候。心中に悪念の起るをば罪とせず候。…たとへば美女を見て其色を心に愛するは人情にて候。此情に任て、礼法を犯し妄に他の妇女に戯るゝ者は小人にて候。これ…是罪の有無は戯る、と戯れざるとの上にて定り候"。——原注

② 同上。

主流不是这样。比如，石田梅岩①等作为民众导师的人都说心里美，行为自然也善。再极端一点，只要心好，行为就是坏点儿，下不为例就行，都是这么说的，和春台完全相反。

丸山：春台的《经济录》②里，也说过一些划时代的名句："物理与道理之别，重要的是懂道理，这里说的理不是道理的理，而是物理的理。"作为经济的一种法则概念，这可是具有划时代意义的。这种物理与道理的区别，被西周继承下来了。

加藤：那也是源自徂徕的吧。

丸山：对，从徂徕经过春台，都是认为要区分物理与道理，这一脉络被西周所继承。《百一新论》里就说：西洋的 Physics 相当于物理，还说了很多诸如"格物数学"之类的。

加藤：在与"道理"相对立的意义上，是春台最先用的"物理"这个词吧。

2.10 关于新造词

加藤：谈到这儿，像这样遇到理论方面的难点和翻译用词上的困难时，译者们是如何解决的呢？把眼光转向翻译这一具体行为的现实一面，会产生许多疑问。

---

① 石田梅岩(1685—1744)，江户中期思想家。通称勘平。石门心学之祖。生于丹波。在京都开讲席，肯定商人的作用，教化庶民。著有《都鄙问答》《齐家论》《石田梅岩语录》等。

② 《经济录》10卷，享保十四年(1729)成立。内容论及经济总论、礼乐、官职、天文、地理、食货等。

　　　　《圣经》的日文译本是怎样完成的呢？《万国公法》的中文译本是由传教士丁韪良和四个中国人助手一同翻译的（参见下章）。关于《圣经》的翻译，海老泽有道先生做过研究，大概也是大家一同边想新词边翻译出来的吧。

丸山：不过，《圣经》译得真不错。中国的《圣经》译得怎么样呢？说到传教士用语的翻译，"自由"这个词就是很早从葡萄牙语译过来的。关于近代的"自由"一词石田雄等人做过调查，日本和中国到底哪个国家出现得更早些呢？

加藤：据石田雄的研究，最早好像是来自荷兰语 vrijheid……它在被翻译成汉字之前就出现了。

丸山：首先，吉田松阴在安政六年（1859）给北山安世的信中就用到了这个词——"让拿破仑倡导自由"（那波列翁を起してフレーヘードを唱ねば）。

加藤：好像两种形式都用——音译的片假名的"フレーヘード"（自由）和意译的汉字词"自由"。

　　　　另外还有，据《箕作麟祥君传》（大槻文彦编，丸善出版社，1907 年）说，箕作在明治二十年（1887）的演说中谈到了翻译工作，说是"权利"和"义务"这两个词是从中国引进来的[①]，而"动产""不动产""未必条件"则是自己造的新词。他说"现在，这些词已经被广泛使用了"。也就是说，在明治二十年左右，这些新词已经固定下来并普遍使用了。箕作这

---

① 通观《万国公法》，只有"权利"而没有"义务"。后者是在日本形成的，后传入中国。这种误解是源于箕作麟祥最早的讲演内容，后人不假思索直接引用，延续至今。

个人翻译了那么多的东西，一定造了不少新词吧。

丸山：大多数是法律方面的……

加藤：那是因为法律用语不造新词就没法翻译啊。他也翻译过民法吧。

丸山：刑事诉讼法是最需要新词的。

加藤："民权"这个词，我们前面在涉及单复数的问题上也提到过，在箕作明治二十年的演说①中也说过"民权"一词是翻译法语 droit civil 时自己造出的新词。当时还引起了不少争议，有人指责说："人民怎么能有权呢？"

丸山：在石井研堂的《增订 明治事物起源》中也指出，当上了司法卿的江藤新平于明治五年请箕作麟祥翻译法国民法时第一次出现了"民权"这个词。明治四十四年（1911）在江藤新平的追思纪念大会上大隈致辞中也说道："当时大家都说：民岂能有权？多数人对这个译法是持否定态度的，但是江藤氏采用了箕作的译法。"②

加藤：从这两个例子来看，关于"民权"一词的出处都是相同的。

丸山：与此相近的例子还有，明治七年（1874）佐贺之乱③的时候，在佐贺的征韩党檄文的开头写道："国权行使，则民权得以保证"。但这里的"民权"已不是法语 droit civil 的本意了，而是人民的权利的意思。这时候才是明治七年，刚才讲的

---

① 应该是指明治二十九年（1896）9 月 15 日在明治法律学校的讲演。

② 明治四十四年（1911）4 月 13 日在东京筑地本愿寺举行的江藤新平追悼祭上，大隈和板垣退助共同登台讲演。

③ 佐贺之乱，明治七年（1874），因主张征韩论而分裂后，江藤新平离开政府回到故乡佐贺发起了第一场不满士族的反叛。政府迅速出兵镇压，江藤被俘，处斩首刑示众。

是明治五年箕作麟祥的翻译里就有了，真的是相当早了。据石田雄研究，至少到了明治七年的时候宇喜多小十郎的《民权夜话》和竹中邦香的《民权大意》两本书已经问世了。在那以后关于民权的著作还有儿岛彰二的《民权问答》、福泽谕吉的《通俗民权论》、上西升平编的《民权新论》、福本巴的《普通民权论》、丹波纯一郎的《日本民权真论》和《通俗日本民权精理》等等，层出不穷。其中我觉得丹波的两本著作中提及的民权与所谓民权论的民权略有不同。从 droit civil 一词可以看出，所谓民权只是单纯的民权，并不说什么日本民权。而丹波的这两本书出版于明治十二年（1879），人们按日本的 droit civil 来接受民权概念也可以说是相当早的。

植木枝盛和外山正一讲的是民权自由论。外山正一的《民权辨惑》（1880年）从进化论的立场出发指责民权论。这点与加藤弘之相同。石田雄认为到了1870年末，包括反对意见在内，民权这一概念已经得到了普及。中国稍微晚些，在19世纪90年代经由梁启超等才开始使用民权一词。

加藤：民权派生出来的意思分为两个系统，虽然不能断定孰对孰错，但抛开这一点，无疑"民权"是一个新造词。

丸山：很明显它是个新词。关于新造词，福泽谕吉在生前出版的《福泽全集》（1898年）的"绪言"中写到，"演说"一词他敢很肯定地说是他自己造的新词。在全集"绪言"的"会议辩"中具体提到，在那之前英文 speech 都被翻译成"演舌"，是他首先译成"演说"后流传开来的。除此之外还有把 second

译成"赞成"，debate 译成"讨论"。其中有意思的是他把 copyright 译成"版权"。因为他的《劝学篇》总计出版了三百万部，除去二十万部左右是正版外，大多都是盗版。福泽恼于此才想出这一新造词。另外还有把"簿记"译成"丁合之法"，可惜这个词没能流传下来。

加藤： 一般说来，新造词几乎都是汉字词啊。日本固有的大和语词没有吧。这或许是因为在明治社会，用平假名被认为是没有威严的，尤其在法律这一领域，要特别显示威严才行。造词可以分为三种。一种是不改变原有汉字的意思，将几个字组合到一起形成新词；第二种是像"自由"那样，将以前既有的词义加以改变形成新词；第三种则像"不动产"一类的词，完全是新造出的词语。

2.11 译词所含的问题

丸山： 译词问题很重要，特别是如何利用传统语词来翻译是很值得斟酌的。

加藤： 也就是说翻译方法的问题吧。

丸山： 对。朱子学的"格物穷理"在当时的翻译里就比较常用。物理学最初被译为格物学，哲学也被称为穷理学。而中江兆民将之译为理学，一般所说的理学是专指自然科学。总之，朱子学的"穷理"也好，"格物"也好，就这样被作为译词转用了。而从《万国公法》中衍生来的天地公道的"道"字也可以说属于这个传统范畴。到了明治十年代(1877—1886)，沃尔特・白芝浩①红极一时，他所著的 *The English Constitution* 出现了好几种译本②。他的另一著作 *Physics and Politics* 译为《格物政理学》于明治十五年（1882）出版。Physics 译为"格物"，Politics 译为"政"；而"政理"的"理"就是理性的理字。因为 *Physics and Politics* 是运用物理学的原理来分析政治的，所以说把它翻译成《格物政理学》是很恰当的。不过我还是觉得，把 Physics 译成"格物"是借用中国传统语词来翻译新概念的一个很好的例子。

前面我们谈到过斯宾塞・赫伯特的 *Social Statics*，那是一个因书名的翻译在当时引起了很大轰动效应的典型例子。就因为松岛刚把原意为"社会静态学"的书名误译为《社会平权论》，才使得它成为自由民权运动中最为畅销的书。虽有六册之多，当时却很畅销。我想再强调一下，当时的斯宾塞・赫伯特决不是那么进步的。他还曾经向金子坚太郎③忠告说：不要制定自由民权味太重的宪法。本来，*Social Statics* 当中就论述到否定国家的权利等类似的问题。当时

---

① 沃尔特・白芝浩（Walter Bagehot，1826—1877），英国最著名的经济学家、政治社会学家和公法学家。主要著作有《英国宪法》（*The English Constitution*，1867 年）；《自然科学与政治学》（*Physics and Politics*，1872 年）；《经济研究》（*Economic Studies*，1880 年）等。

② 早在明治十六年（1883）就由高桥达郎译为《英国宪法论》5 册出版。新译有小松春雄译《イギリス憲政論》（中央公论社「世界の名著 60 バジョット/ラスキ/マッキーヴァー」1970）和深濑基宽译《英国の国家构造》（清水弘文堂书房，1967）。

③ 金子坚太郎（1853—1942），明治时代的官僚、政治家。作为伊藤博文的助手参加大日本帝国宪法的起草工作。日俄战争时，赴美从事外交工作以利于日本的战争推进。日本法律学校（日本大学的前身）首任校长。

在自由民主运动中出现的脱离国籍这一现象,也许就是受到它的影响吧。

2.12 是否懂得拉丁语和希腊语?

加藤: 明治时期从事翻译的人们不管是在法律、政治、历史哪一方面,都必须面对新的概念。在翻译过程中不可避免的问题,就是如何翻译抽象名词。大多数抽象词都是日语以前所没有的概念。而译者们对希腊语和拉丁语又了解多少呢?他们是否只是知道当代的意思呢,如果追溯到词源上,有没有人会知道希腊语和拉丁语的意思呢?

丸山: 我认为不多。比如说加藤弘之译的《国法泛论》①,有关法律概念基本上都是从罗马法中引用过来的吧。这样的话希腊语就出现得很少了。一般都是拉丁语吧。我们也一样,只是单纯地记住这些术语罢了。至于原义,我想只有去问那些在日本的外教吧。

加藤: 可是即便原文里面没有出现,有些转换成英语,或成为专业术语的词,从词源上来看,出自希腊语和拉丁语的抽象词多一些吧。他们是否是将之分解为词根来理解这些词呢。

丸山: 不是吧,他们不会那么做。我所说的是学术用语。

加藤: 比如说到"哲学"这个词,他们是不是知道了"philo"(爱)和

---

① 《国法泛论》,约翰·卡斯帕·布伦奇利(Johann Kaspar Bluntschli)著,加藤弘之译。1872年由日本文部省出版。之后也由革命党人转译发表于《译书汇编》第1—2期(1900—1901)。

"sophy"(知识)这两个意思之后才译出来的呢?

丸山:西周在一定程度上就是这样的。他当时译成的"希哲学"就是因为其中含有"爱睿智"这个意思才把希望的"希"字加上的。所以他应该是知道的,并不是因为他懂拉丁语,而是因为原文的书里已经解释过这个意思,即是把"爱"这个词和"知识"这个词拼在一起得来的。而且我觉得法律方面也多是如此。"lex naturae"(レックス ナトゥラーリ)这个词虽然现在被译成自然法,但在当时是被译成"性法"的。忘了它是在什么时候被改译成"自然法"的。不管怎样,就像"性法"是"lex naturae"的对译那样①,人们都是按拉丁语来记住术语的吧。

加藤:医学方面的术语拉丁语比较多,其中的一部分是由希腊语演变而来的。

丸山:我对医学一窍不通,但对于术语来说应该都是一回事。各个领域的专业辞典及术语辞典都出现得很早吧,大家都知道医学术语辞典早就有了②。但那些只是一个个语词的问题,还没有达到用来理解文明史的由来的程度。

加藤:虽然当时基督教已经过来了,但在那时传教士还不多,也很少有人从传教士那里学习古语吧。

---

① 西周与津田真道 1863 年在荷兰的莱顿大学受教于毕洒林教授,并从事自然法讲义的翻译。1867 年西周已经完成题为《性法说约》的译稿,但在随德川庆喜败走京都时丢失。后来神田孝平的译本《性法略》于 1871 出版。西周为此写下序文。

② 比如,1872 年出版的奥山虎章编《医语类聚》(*A medical Vocabulary in English and Japanese*),是以 Robley Dunglison (1798—1869) 的 *A New Dictionary on Medical Science and Literature* 为底本的英和医学术语辞典。约收录 6000 词条。

丸山：没有做过这方面的调查，但明治初期的传教士们不管是在语言上还是博物上，都被当作万能教师来教别人的。平文①也好，克拉克②也好，也不是精通所有的知识，只是懂些常识性的东西罢了。就基督教本身而言，当时反倒是有意识地排除那种知识性的理性的教法，而是要用心灵感受到基督教，因此有关神学的东西基本上不教，而只教基督的福音。所以从基督教来看，拉丁语的影响也是微不足道的吧。

---

① 也译作黑本（James Curtis Hepburn，1815—1911），生于美国宾州。医学博士。1841年作为医疗传教士被派遣到厦门，1845年回国，在纽约开业，名声远扬。1859年到达日本，住在神奈川成佛寺本堂，并在附近宗兴寺开始从医，但被幕府禁止，只好专致于日语研究以及和英辞典的编纂。1863年移居横滨居留地，并开设诊疗所，同时继续学习日语并编辑出版了日本第一本和英辞典《和英语林集成》，1867年在上海美华书馆印刷出版。该辞典第三版（1886年）使用的罗马字拼音即现代日语中所使用的"平文式罗马字"。

② 克拉克（William Smith Clark，1826—1886），美国教育家，曾任化学、植物学、动物学教师。1876年札幌农学校（现北海道大学）开学，任首任教务长。用英语教植物、自然科学，并传授基督教，在学生中很有声望。其铜像建在北海道大学校园内，上刻有其名言：年轻人，要胸怀大志！

第 3 章 《万国公法》的翻译

3.1 江户幕府末期的畅销书

丸山：说起江户幕府末期的两大畅销书，当然要首推福泽谕吉的《西洋事情》①和惠顿②的《万国公法》。日本的"国际法"源自两处：一是惠顿的这本书，再就是荷兰的维塞林（Simon Vissering,1818—1888）的讲义录。

加藤：后者是西周和津田真道③从文久三年（1862）到庆应元年

---

① 《西洋事情》，福泽谕吉1860年作为被派遣赴美的万延使节团成员乘护卫舰咸临丸渡美，翌年赴欧洲；庆应三年（1867）再次赴美，有机会视察欧美各国的实情。明治维新后从事著书、翻译，致力于启蒙和介绍西方文明。本书初编于庆应二年（1866）、二编于明治二年（1869）、外编有庆应三年（1867）序。各编逐次刊行，以明治六年版（1873）集成之。内容广泛，涉及欧美各国的文化、社会、政治、军制、经济、伦理等。作为欧美知识的入门书，本书当时最为普及，福泽自身也说，此书是"余著译中最为广行于世、最为人所阅读的"。

② 亨利・惠顿（Henry Wheaton,1785—1848），美国外交官，国际法学者。其 Elements of International Law 出版后不断再版，并被译为法、德、西班牙、意大利语，在国际上影响广泛。

③ 津田真道（1829—1903），明治时代的官僚、启蒙学者。1850年到江户跟箕作阮甫和伊东玄朴学兰学，跟佐久间象山学兵学。1875年受雇于蕃书调所,1862年与西周同赴荷兰莱顿大学学习,4年后回国。将老师的讲义录译为《泰西国法论》（1866）出版,成为日本最早的西洋法学的介绍。明治维新后在新政府司法省参加《新律纲领》的编纂。1869年建议禁止人身买卖,1871年任外务权大丞,作为全权伊达宗城的副使去中国参与缔结《日清修好条约》。后在陆军省制定陆军刑法。任法官、元老院议官,1890年当选为众院议员,1896年为救议贵族院议员。男爵、法学博士、明六社员。

(1865)在莱顿大学留学时记的讲义录吧。

丸山：是的。维塞林的讲义被翻译为《性法略》和《万国公法》引进了日本。性法指的是自然法[①]。

同用《万国公法》这一书名似乎纯属偶然。惠顿的书是由丁韪良翻译成中文，在庆应元年（1865）由开成所翻印出版。西周讲述维塞林的《万国公法》是在第二年（1866），出版是在庆应四年（1868），到底谁先使用《万国公法》似乎难以判断。总之是因为这两本书，提高了大家对《万国公法》的认识。明治维新的五条誓文[②]（1868年4月16日公布）中的"破除陋习、循大卜公道"有叮能是引自《万国公法》的，这完全是我的推测。当然也有儒教的影响。在儒家的古典里既有"天地"也有"公"和"道"。幕府末期常用的"天地公道"这一说法本身就受到《万国公法》的影响。能看得出来是按照这一方向来开拓新时代的。但也有不足之处，伦理和法律，与世界通用的自然法和作为现行法的国际法有许多地方混为一团呢。

所以，惠顿的《万国公法》很值得研究。翻译的问题也恰好在这里。如您所知，原著 Elements of International Law（1836）是由美国传教士丁韪良（William A. P. Martin，1827—1916）翻译成中文出版（同治三年（1864））。西周把

[①] 性法一词，出自汉译本《万国公法》第一章第二节。
[②] 五条誓文，1868年4月6日明治天皇召集公卿、大名发表的明治政府的基本方针：广兴会议，万机决于公论；上下一心，大展经纶；官武一途，以至庶民，各遂其志，务使人心不倦；破除陋习，循天下公道；求知识于世界，振兴皇基。

它加了汉文训点后,由开成所①出版的就是我刚才提到的庆应元年的《万国公法》。因为内容很深奥,于是有必要把它全面译成日文,所以便有了明治元年(1868)堤毂士志翻译的《万国公法译义》和明治三年重野安绎翻译的《和译万国公法》。②

加藤：堤毂志士这个人的生平我们不是很清楚,一般认为他属于国学方向的人。

丸山：我也不是很熟悉,而重野安绎是著名的汉学家,他出身于鹿儿岛藩。可惜《万国公法译义》和《万国公法和义》这两本书都中途而废,没有译完。不过仔细地读来,还是挺值得玩

---

① 开成所,幕府末期的外交文书翻译、洋学研究及教育机构。1854年开始设置,始称洋学所,后改称"蕃书调所"(1856年),再后改称为"洋书调所"(1862年),次年8月改为"开成所"。明治维新以后,新政府对此进行改革,经历了开成学校、大学南校的时期后,1877年成为东京大学。

② 丁韪良(William Martin,1827—1916)的中文翻译得到何师孟、李大文、张炜、曹景荣四人协助完成原稿后,再由总理衙门的秘书陈钦、李常华、方溶师、毛鸿图花了半年时间校订,1864年4月完成出版。丁韪良在凡例中说:"(原书)引证繁冗之处少有删减,……时尔为明快其说对(原著之意)略有补充。"此中文版马上传到日本,1865年加附训点由开成所出版(训点为西周所加)。堤毂志士《万国公法译义》、重野《和译万国公法》都是据此中文版译成日文的,应该没有参照原著。而且《万国公法译义》只译到第二卷第二章,以下中断。译者堤毂志士的经历未详。《和译万国公法》也只译到第一卷第二章。译者重野安绎(1827—1910)是萨摩藩出身的史学家,汉学家,以缜密的实证主义而著名,后为帝国大学教授。——原注

重野安绎,生于鹿儿岛。父亲为萨摩藩乡士。元治元年(1864)为造士馆助教,受岛津久光之命编纂《皇朝世鉴》。明治维新后上京,在修史局、修史馆从事修史事业。明治十二年(1879)成为东京学士会院会员。明治十四年(1881)为编修副长官,自翌年开始编纂《大日本编年史》。注重史料实证,推进考证史学。明治十九年(1886)任临时修史局编修长。明治二十二年(1889)创立史学会,任首任会长。翌年成为贵族院敕议议员。为门人岩崎弥之助创设静嘉堂文库而尽力。

味的。

加藤：丁韪良是怎样把惠顿的原文译成中文的呢？再把它译成日语的话又是怎样做的呢？关于重野的译文，加州大学的张嘉宁会给我们解说的，《万国公法译义》译得到底怎样呢？

丸山：书的开头（凡例）就写道："此译本为了让一般人都能理解，往往夹杂了些平民百姓的口语，不甚高雅。"也就是说，他主张用口语写得通俗易懂些。我看了一下《万国公法译义》的第二卷第二章，相当于英文的第Ⅱ部第Ⅱ章，即国际私法部分。据英文（第八版）原文里说，为解决不同国家的民法以及刑法的纠纷所制定的规则，将此汇集称为国际私法，它区别于涉及国家之间关系的国际公法。然而，这本《译义》中则将这段话全部省略了。我想译者是没有理解 private international law（国际私法）的意思。与之区别的应该是 public international law，即所谓的"万国公法"。将国际私法归纳在一起，一同译作《万国公法》，这本身就值得我们去探讨。

国际私法对我们来说很是复杂。在当前全球化时代中更是如此。比如，你要是在美国购买土地会涉及民法的哪些部分呢？这和主权有没有关系呢？国际婚姻也是如此吧。如果学明治史的话肯定会学到"万国公法"思想中的国家平等观，但对于国际私法，法学院的学生也不一定有这方面的知识。这样看来，《万国公法译义》还译得不错。法律文章向来就是难懂的，虽然《译义》里省去了些难的地方，但大意没错。这在当时来说是很了不起的了。

这一章原题为 Rights of civil and criminal registration，在

《万国公法译义》中译为"论制定律法的权利"(丁韪良中文译为"论制定律法之权"),这本身就是国际私法,是论及民法及刑法上的权利,而不是国家间的问题。比方说,有人触犯了自己国家的民法或刑法,畏罪潜逃到其他国家时,会涉及法的管辖范围问题。以前学过属人主义和属地主义。如果按属人主义的话犯人逃到哪里都要被抓捕归案,若是属地主义的话逃到美国就要按美国的法律来办,这全都是国际私法。还有更为有趣的内容出现在惠顿的原作里,可是《万国公法译义》里却被省略了。①

加藤:不过,法律用语和术语都很难懂,从英语的字面意义上也是

---

① 《万国公法》第二卷
第一章 目次(据开成所版)
第二章 论制定律法之权
  第一节 制律专权
        变通之法
  第二节 变通之法大纲有二
        简要三则/三则合一
  第三节 植物从物所在之律
  第四节 古禁外人购买植物
        昔以外人遗物入公/遗产徙外酌留数分
  第五节 动物从人所在之律
  第六节 内治之权
        法行于疆外者/第一种定己民之分位/准外人入籍/制疆内之物/律从写契地方
  第七节 第二种 就事而行于疆外者
        其不行者有四/不合于物所在之律则不行/妨害于他国则不行/遇契据应成于他国则不行
  第八节 遇案之应由法院条规而断者则不行
  第九节 第三种 就人而行于疆外
        因一案覆论三端/君身过疆国权随之

难以想象的吧。

丸山：日本的民法是受德国民法影响的，我们当时就是用德语学的。与英国的法律本来就存在着语言上的不同。日本最初的民法是依据拿破仑法典而来的，明治末期修改民法时基本切换到德国民法（Bürgerliches Gezetzbuch. 俗称 BGB）上了。二战后亲属法、继承法有了很大的变化，但整体来看，民法从二战前到现在基本上援用的是德国民法 BGB。

英美法正式进入日本是在二战以后。形式上是将审判法改换成了英美法，检察官由台上下来与律师处于同等地位是英美法的形式。而在二战前，检察官作为国家权力的代表是高于律师的。按英美法的观点，这是根据私法的规则，法官便成了审判，对于被告而言国家也在平等的立场上成为原告。我们的学生时代都是以大陆法系为中心学的，所以没有学过英美法的审判程序。

3.2 《万国公法》的英中日对照

加藤：那么，明治时期的日本人是通过汉译西书引进英美的法律用语及思考方式，您在看过英文版和《万国公法译义》之后，有何发现呢？中、英、日各版的《万国公法》又有何差别呢？

丸山：比如说，《万国公法译义》中出现有"动物"一词，我们会怎样理解呢，一看英文版就知道是"动产"的意思。因为在《万国公法译义》里是这样解释的："应依照其所居地的法律，而非依照其物所在地的法律来处理。"（其家住スルノ土地ノ律

法ニ従ヒ、其物ノ在ル土地ニ従ハヌコトアリ）

加藤：《万国公法译义》本来就是参照中文的解释。在汉译本中有一节就是"动物从人所在之律"（《万国公法》第二卷第二章第五节）。

丸山：动产，在英文里表示为"personal property"，在拉丁语里表示为"mobilla"。这里是指动产、不动产的"动产"。而"real property"作为法律用语，即是指"房产""不动产"的意思。

加藤："不动产"一词在汉译本中是用"植物"表示的。中文版《万国公法》第二卷第二章第三节就是"植物从物所在之律"。

丸山：动产是指金钱这类常见的、土地或建筑物以外的财产，这显然是"动产"，称为"mobilla"。再有一个有趣的例子是，例如在《万国公法译义》原文中"本国ニテ早ヤ虧空放釋ノ後"（按本国之律亏空即得释放），其中"虧空"一词的左边注有"ブンサン"的字样，在"放釋"一词的左边注有"ゴメン"的字样。① "破产"在英语里是"bankruptcy"，汉译本里好像是译成了"亏空"。而"放释"在英语里原本是"discharge"的意思。即在破产之后，只要正式申请破产手续，就由专人负责管理财产，债权人的债权将会被冻结，并且不能够直接从债务人那里索取债务。债务人也不必向债权人一一偿还，这就是"discharge"。"放释"用日语说就是"免债"，即免除债务。这种译法似乎没有区分公法与私法，好像是得到官家

---

① "ブンサン"，汉字写作"分散"，江户时代意为破产；"ゴメン"，汉字写作"御免"，这里意为豁免。此处见中文版《万国公法》第二卷第二章第六节。

的豁免，日语是以这种想法为背景翻译的。

所以在那段开头，《万国公法译义》写有"凡负债而不能偿还者"（凡ソ債ヲ負フテ返弁ナラヌハ）的地方，在"債"字的左边注有"シャッキン"（借款）的训释，继而便是"早ヤ釋放ニナリ来レバ"（如能尽早免除）中的"釋放"是"discharge"（免除）的意思。在其的左边注有"シャメン"（赦免）的训释。并说这是"欧美国家的公法通例"。英文原文中省略了"private"（私人的，私有的），仅写作"international law"就显得有些令人费解了，但正如刚才所说的那样，这块儿不是国际公法而是国际私法。

关于《万国公法译义》的译法，虽然有些汉语词可以在核对中文版后立刻找到其相对应的原文，但也有难以理解的词，例如"负欠者"一词，也是在它的左边加注了"借方"的解释后，才变得浅显易懂了。

加藤：正因为是经汉译本转译过来的，有些部分就省略掉了。

丸山：也有添加补充的部分。如"Validity interpretaion"也就是"有效性及有效性的解释"之处，"execution"用日本法律用语来说，是指"契约的履行"，但《万国公法译义》此处译为"契约ノ成就"（契约的成就）的意思。不过光看"其契拠ノ虚実ヲ審案シ其詞義ヲ解説スルトハ別ナルコトニテ"（审查该契约的虚实、解释其词义是两回事）这句，也不知道是什么意思。英语原文的意思是说契约的履行与契约本身的有效性问题，及对所适用条文的解释是两回事，也就是说，契约本身在法律上是否有效的问题，与该契约是否得以履行的问题,不是一回事。像这样对法律的解释,《万国公法译义》的译者恐怕并不明白吧。在我看来,"虚实ヲ審案"对应的是"Validity","其詞義ヲ解说"对应的是"interpretation"吧。

3.3 传统用语是怎么翻译的?

加藤:"sovereign"这个词是怎么译的?

丸山:译成"君主"。或者是"君""君上""国王"。这点很值得我们留意。因为在原文里也有些地方是用"prince",如果将"prince"译成"君主"的话,还能够理解……

加藤:不过,在中文的语感里,"君"这个词是指最高统治者,可能比日本所指的"君"这个词的范围大得多。如果直接采用中文"君"的译法的话,日中之间的意思可能会有所出入。

丸山:再则,因为日文版是翻自中文版,当然带有很浓厚的汉语色彩。比如中文版将英文原文"The person of an ambassador, and other public minister"这句话译成"钦差(皇帝的使者、敕使)"。在《万国公法译义》里有:"钦差等国使,即使出差前往外国,亦不归当地管辖"(钦差〈官名〉ナドノ国使ハ他国ニ出張ストモ、亦其出張セル土地ノ管轄ニ帰セズ)这样的说法。"钦差"这个词经常出现在外交文件里,当时一般的日本人大概都知道这个词的意思。如果由英文原文直接译成日文的话,我想不会译成"钦差"。这些都是经由另一种语言转译而出现的问题。

加藤:关于"sovereign"这个词,张嘉宁教授对出现在第一卷第二

章里的例子做过调查。中译本里是译成"主权",而在重野的《万国公法和译》里却译成"国王"。而且特地标上注解:"此公法规定,所谓君者当通于国事"(君トイエバ、国ノコトニ通ズルコト、コレ公法ノサダマリ也)在英文原文和中文译本里都没见到类似的解释。

丸山:在堤毅士志的《万国公法译义》里,也追加有原文里所没有的注解,比如"寻其根源是因为我方许可他国占有我方权力"或"这正是他国强取我国权,行为不正,难以成法"。还有下面这个注解也很有意思:"或我方允许有两种:或是明许,或是默许"。也就是说,"consent"可分为两种,即"implicit consent"和"explicit consent"。前者是"默示同意",后者是"明示同意"。

加藤:这是法律用语吗?

丸山:没错,是法律用语。称为"默许"和"明许"。

加藤:一般在日文里,有"明示"这种讲法,却没有"默示"。在日本只有法律专家才会用"默示性"这个词。而英文的"implicit"大家都用,不仅限于法律专家。

丸山:"implicit"这个词在英文里本来也是专门用于法律方面的,与"explicit"的意思相对。它是法律术语转用于日常用语的一个例子。这里写着有"expressed"和"implied"。我们在念书的时候,把"expressed"这个词当成"explicit"来记,将"implied"这个词当成"implicit"来记,所以马上就会联想到二者间的关系。《万国公法译义》里明确地译为"一种是明许,另一种是默许",这在当时是相当有水平的译法![1]

不过,这里我不讲狭隘的法律术语,还是回到刚才前面所提到问题。即如何翻译传统术语?像刚才讲的英文"主权者"之意译成"君主"之类的问题,我认为很值得深思。再举一个例子,"且诸国之君主以仁义之道"(且ッハ諸国ノ君主仁義ノ道ヲ以テ)这也译得相当精彩!因为英文是"humanity dictates",即使按照原文的意思翻成"依从人性决定之处",也没人能理解这句话的意思,所以才会译成"以仁义之道"(笑)。

这一段整个的译法都很值得研究,"且诸国之君以仁义之道互相宽让",是讲互相谦让,英文是 relaxation in practice 的意思,如果再说"在己之疆内严守主权,不欲使世间过度紧张成为常例",这真是让人摸不着头脑了。而"不欲使过度紧张"这种说法,英文里根本就没有。实际上这一段是讲主权的自我限制问题,严格地执行主权反而不好,所以在双方的约定下各自对自己的主权进行部分的限制。后面还有一句"如果不照应他国的平衡关系",在英文里也没有。这里正是说的主权的自我限制问题,"不欲使世间过度紧张"这句话,真正关系到主权论,虽然听起来有点儿滑稽,但其用"世间"一词也还说得过去。

还有一个著名的例子,就是中村正直把约翰·穆勒的

---

[1] 实际上"默许"和"明许"均出自汉译版《万国公法》第一章第五节:"其条规出于人谋,诸国或明许之,或默许之。"

On Liberty 翻译成《自由之理》，在文中，他将 society 译为"一伙"（仲間同士）、"朋友"（仲間）、"伙伴间"（仲間内），在行间的夹注里必定加上"即政府"的解释。这一点非常重要，"政府"和"society"（社会）这两个概念，他没有区别开来。看来 society 这个词非常难懂，区别于"政府"或是"国家"意思的"社会"一词出现于明治十年左右。在此之前，一直用的是将"社会"颠倒过来的"会社"这个词。这个"会社"既有公司的意思，同时也包含有"社会"的意思。所以，只要在传统的范围里来理解的话，"不欲使世间过度紧张成为常例"的译法也说得过去。

《万国公法》英文版里，all civilized nations 这种说法出现在很多地方，《译义》把它译为"耶稣同宗之国"。因为是处在文明开化时代，本可以将之译为"所有文明国家"，但……在英文原文里，后面也出现了 among Christian nations 这种说法。所以说，这句话译得并没错。

加藤：《万国公法》的作者惠顿也是那么想的吧。对于他来说，究竟什么是 civilized nations（文明国家）呢，归根结底，还就是 Christian nations（基督教国家）吧。

丸山：那当然。在当时，只有在 Christian nations（基督教国家）里国际法才行之有效，这是事实。关于这一点，福泽谕吉也曾经反复提到过，他根据自己在香港和印度的所见所闻说，国际法，看上去像是全世界通用的法律，但你只要看看西方人是怎样奴隶般地对待东方人的，你就知道所谓的国际法，根本不是人类普遍之法，那只是通用于基督教国家之间的。

> 这是福泽的国权论思想形成的重要背景。因此可以说 Christian nations（基督教国家）这个词，在当时意义重大。人们已逐渐认清了这一现实，即所谓《万国公法》只是在 Christian nations（基督教国家）之间才行之有效的契约。

加藤：一般来说，都是传教士翻译的吧。是因为传教士的关系才这么译呢，还是在吃透了整个文章的意思后，最终译成了这样的呢？也有可能是译者在译好全文后，再一次参照原文进行修改，力求使原文的精髓表达得更加贴切。

丸山：实际上，在《万国公法》的英文原本里，其他地方也写有 among Christian nations（在基督教国家之间）的字样，所以可能就是您所说的后面的那种情况。这也是再往后日本出现国权论的一个重要背景。因为知道国际法只有在西方各国家之间才通用……

加藤：惠顿把世界分为 civilized（文明的）和 uncivilized（野蛮的）两种国家。原文里有这么一段，他说得有些极端：civilized（文明的）国家之间互相尊重各自的 sovereignty（主权），而 uncivilized（野蛮的）国家没有什么主权，所以不必去承认他们。因此，我们可以为所欲为地去征服那些国家。当然，也有属于"中间"的国家，日本就归属到这一类里去。因为这些中间国提不出什么正确的主张，所以我们要求他们在理解我们的主张之后缔结约定严格遵守。你看，这根本就不是对等的关系嘛！而至于那些 uncivilized（野蛮的）国家，因为他们是野蛮人，连问都不用问，还缔结什么条约。

3.4 法律意识的问题

丸山：文明与开化这种阶段性区分不仅是惠顿，也是进步史观中的普遍看法①。福泽曾从美国教育家弗兰西斯·威兰德的《政治经济学原理》(*The elements of political economy*, 1843 年)中汲取知识②，他也写到在未开化(野蛮)、半开化、文明这三个阶段上，日本尚处于半开化阶段。西欧的进步史观中的世界史发展阶段论，自 18 世纪末已经是一个普遍观念了。再加上刚才提到过的当时国际法的背景，即自胡果·格劳秀斯③以来，欧洲的基督教各国之间本来长期是置

---

① 比如，在华传教士、英国汉学家理雅各(James Legge, 1815—1897)，为他所执教的香港英华书院编译出版了一部名为《智环启蒙塾课初步》(1856 年)的教科书，1866 年就由日本人柳川春三施加训点，在江户出版为《智环启蒙》。其中第 154—157 课是将世界各国分为四类：野劣者如澳大利亚、新西兰岛土人和非洲内地黑人；野游者如非洲、阿拉伯、波斯等；被教化而未全者指非洲数国及亚洲印度、日本、波斯、土耳其等；被教化而颇全者如欧洲各国及美国。本文中加藤话里所指的"中间"国家即是指"被教化而未全者"。

② 弗兰西斯·威兰德(Francis Wayland, 1796—1865)，19 世纪美国著名的社会人物、教师、牧师、哲学家、经济学家，对当时和后来美国社会的诸多领域都产生了十分重要的影响。特别是他担任布朗大学校长时间长达 29 年，不仅为布朗大学的发展做出了卓越贡献，其思想与改革实践也影响了后来美国高等教育的发展与改革。有人称其为"一个被忽视的高等教育先驱"。

③ 胡果·格劳秀斯(Hugo Grotius, 1583—1645)，荷兰语写为 Hugo de Groot，基督教护教学者，也是近代西方资产阶级思想先驱，国际法和海洋法的鼻祖。同时也是近代自然法理论的创始人之一，其《海洋自由论》主张公海可以自由航行，为当时新兴的海权国家如荷兰、英国提供了相关法律原则的基础，以突破当时西班牙和葡萄牙对海洋贸易的垄断，并反对炮舰外交。他的研究范围相当广泛，涉及法学、政治学、文学、语言学、史学等，但使他享有盛名的是在法学方面。在他的法学著作中，有一本是他在被监禁期间所写的关于荷兰古代法和罗马法的书，名为《荷兰法律导论》，其他三本都是关于国际法的著作。

于罗马法、日耳曼法、希腊罗马的古典法、神圣罗马帝国的支配下的,之后发展为具有共同传统的国民国家之间的国际法,然后再将之扩展到世界上文化、传统不同的地区。现在这点成为问题。

比如,巴勒斯坦问题就是如此。日本当然是西方一边倒,所以老老实实跟在后面。联合国也是,这类构想都是在欧洲形成的。从全球来看,本来只限于欧洲一个地区的国际法,最后被推广到全世界,这个问题依然是现代世界秩序的问题。所谓欧洲,也基本指的是现在的 EU(欧盟)各国。想把国际法适用于伊斯兰或佛教国家,即价值体系完全不同的一方,当然会有抵触。

加藤: 即便是在日本国内,实际上也有法律和法律意识之间的龃龉。

丸山: 日本实际上是靠着取长补短的"欧化"蒙混过来了。

加藤: 话是这么说,现在不也还是讨厌打官司嘛。和美国人比起来,解决纷争的手段一般不会想到去打官司。在日本上法院,那是解决严重对立纷争的最终手段。

丸山: 日本的感觉依然是靠上面政府的裁决,而且理想的判决还是停留在大冈判案[①]的印象中。政府又同时担当审判的角色。所以较之英美法,有点接近大陆法系,也就是含有承上裁定的要素,这或许更适合日本。而英美法要更彻底一些,

---

① 日本民间多指文艺作品中描写的大冈越前守忠相裁决的案件,既公平合理,又颇具人情味。类似我们说的包公办案。

一般是要讲究公正地审判案件。

加藤：不过，虽说是接近大陆法系，可是在日本，你要是和房东吵架，用不着去打官司，拎上盒礼品去寒暄几句就搞定了。而且这是最理想的状态，怎么都解决不了的，才去打官司，所以，采取上法院这种手段已经是一副要打架的架势了，就是要把事情弄大了。这可不是日本人的思维方式。

丸山：所以在日本，一般纠纷都不会去打官司。而是调停吧。即便是离婚，基本也是由家庭裁判所那种没有强制约束力的地方来解决了。

加藤：日本人还是不太习惯法律啊。

丸山：法律和伦理也是混淆得厉害。儒教思想根深蒂固呀。泷川幸辰（1891—1962）的《刑法读本》（1932年）之所以被禁，一是因为受托尔斯泰的无政府主义思想影响；二是主张废除人妻的通奸罪；这两点被盯上了。怎么能废除通奸罪！你难道是要奖励通奸吗？就这口吻。当时我在大学上末弘严太郎先生的民法课，他举出法律与道德混同的例子就是泷川问题。穗积重远[①]先生说：都男女平等了，丈夫的通奸也应该处罚；而泷川先生的观点则与现行刑法的设想相同，应该废除该罪本身。末弘先生总结说：结论虽然正相反，但双

---

① 穗积重远（1883—1951）是著名法学家穗积陈重的长子，日本继承法和家庭法专家。1904年入东京帝国大学学习法律，毕业后留校任教。1912—1916年间先后于德、英、美诸国学习法律，回国后任东京帝国大学法学部教授，主讲家庭法与继承法，并曾参与日本民法的起草工作。主要著述有《离婚制度研究》《亲属法概要》《继承法概要》《法学通论》等。

方的前提一致,都认为仅单方面处罚人妻是不对的。按泷川的主张,即使你把通奸的妻子投入监狱,夫妻关系也没法破镜重圆,所以这一解释应该交给社会,法律最好不要干涉。可是这样一来,法律与道德的混淆会惹出更大的麻烦。

3.5 有关"国体"一词

丸山: 让我们再回头来看看《万国公法译义》吧,也是受传统思想的影响很深。比如,"此国的国君向彼国派遣使节时,该使节便接受他国的管辖,从伤害本国的国体之义上看,该使节相当于同时为两个君主效力"(此国ノ君彼国ヘ使節ヲ遣ハスに、其使節彼国ノ管轄ヲ受クルコトナレバ、吾が国体ヲ傷フ義ニテ、其使節モ二君ニ事フルニモ当リテ)这个地方就有些不妥了,"不仕二君"(二君に仕えず)等于是搬出了传统道德。在日本战国时代(1467—1568)有一个武将叫后藤又兵卫①,竟然毫不在乎这点为好几个君王效过力。随着幕藩体制的确立,儒家的忠节道德在作祟吧,它反映在以下说明中:"外交官如果受他国的管辖,就会出现不利情况:同时替两个君主效力的问题。"问题是效忠于本国君主的大使或是使节,作为公使出使到别国,就算一段时期也好,是要同时效忠于别国的君主,这不正是成了同仕二君的结果吗?

---

① 后藤又兵卫(?—1615)安土桃山及江户初期的武将。播磨人。名基次。仕从黑田孝高及长政,文禄、庆长之役及关原之战立下战功,后被黑田长政疏远,遂离开黑田家流浪诸国后,被丰臣秀赖招进大阪城,后战死。

这个地方是有些难懂，原文的意思是："导致的结果是在其任地效忠外国君主"，这当然不好翻译。

另外，《万国公法译义》其他地方也是如此，译者把 essential to the dignity of his sovereign 即"主权者的尊严、品位所必需的"译成了"国体ヲ辱カシメズ"（不辱国体），刚才前面提到的"从伤害本国的国体之义上看"（吾が国体ヲ傷フ义ニテ）原文就是 every sovereign would hazard his own dignity。

加藤：这样一来，"主权者"和"国体"几乎是作为同一个意思出现的。

丸山：主权者的尊严或是臣子对主权者的忠诚译成了"国体"，汉译本又是如何处理它的呢，不是译成"国体"吧。

加藤：汉文版是将 the essential from of the state 译为"国体"的，哪怕这个国家发生革命，改变了国法，只要还保持本国的"自主"性，那么该国的"体"也就没有改变，所以拖欠的债务也应该偿还。这里的"国体"含有国的本体、本质之意吧。

丸山：在日本也使用"国体"这个词，所谓国体论的意思是来自幕府末期的水户学①。在此之前即使用这个词，也只是作为一般意思来用于"国之形式"的。

加藤：在中国所讲的"国体"是不是类似幕府末期以前的那种表面结构。

---

① 水户学，江户时代水户藩主德川光圀编纂《大日本史》，由此发端而兴起的学派。以儒学思想为中心结合国学、史学、神道，倡导皇室尊严，对幕末尊王攘夷运动有很大的影响。

丸山：日本即使在出现宪法学以后，还是像幕府末期以前那样，用"国体"指称国家构造的根本。明治末期出现的天皇机关说[1]问题就是指的这个。美浓部达吉[2]认为国体不属于法律概念，就像"君主政体""共和政体"那样，把它统一放到"政体"里去了。另一方面，上杉慎吉[3]和穗积八束[4]则认为所谓共和制与君主制是属于"国体"之别，而民主制、寡头制、贵族制则是属于"政体"之别。这是从德国法学那儿学过来的。他们把Staatsform译为"国体"，把Regierungsform（统治形态）译为"政体"。美浓部达吉较之更进一步，在明治末期已经把国体概念从法律中剔除出去，将之与"政体"一元化了，仅从语词上来区别。天皇机关说正是从那时开始兴起的。上杉慎吉和穗积八束都受到水户学的影响，从纯法律意义和伦理意义两方面构筑起国体概念，伦理方面很显

---

[1] 天皇机关说，美浓部达吉提出的学说，即对明治宪法的解释中，认为主权在国家，天皇是作为法人的国家的最高机关。此说被认为是反国体的学说，遭到攻击，昭和十年（1935）引发国体明征问题。

[2] 美浓部达吉（1873—1948），宪法学、行政法学专家。生于兵库。东京大学教授。因主张天皇机关说而与主张君权绝对主义的上杉慎吉论争。1935年因国体明徵问题遭到右派及军部攻击，辞去贵族院议员。所著《逐条宪法精义》《宪法撮要》被禁止发行。

[3] 上杉慎吉（1878—1929），宪法学家。生于福井，东京大学教授。主张"天皇主权论"，与主张"天皇机关说"的美浓部达吉论争。后来指导右翼团体。著有《新稿宪法述义》等。

[4] 穗积八束（1860—1912），法学家。生于爱媛。穗积陈重之弟。东京大学教授。站在君权绝对主义立场反对实施民法。攻击美浓部达吉的天皇机关说。著有《宪法大意》等。

然是受后期水户学的会泽正志斋①和藤田东湖②等人的国体论影响的。

另外,提到和美国的关系时,《万国公法译义》中有这样一段话:"况且英国凭借其权屡次背信弃义,滥用暴力"(况テ英国此権ヲ以テ毎々仁義ニ背キ,凶暴ヲ擅ニシ)。其中在"背信弃义"(仁義ニ背キ)这个地方用儒家的"仁义"来翻译 justice and humanity,这倒是很合适的。

加藤:是翻译得不错。如果把 justice and humanity 的词序倒过来看的话。

丸山:再比如 obligations between the crown of England and it's subject 即"英国的国王与他的臣民之间的义务关系"这里译为"君臣之义"(君臣ノ義)也很恰当,这样的译法对译者来说原本就是很拿手的,因为提起"君臣之义"应该是无人不晓的呀。

加藤:正因如此,在法律用语中便渗入了伦理的成分。

丸山:充分运用了"五伦五常"③。

加藤:crown 这个词,是不是显得有点儿文学味。

丸山:在法律论述中经常用到它,特别是在英国有这样一句熟语:

---

① 会泽正志斋(1782—1863),江户后期思想家,水户藩士。拥立藩主德川齐昭改革藩政,推进尊王攘夷运动,致力于水户学的发展。主著《新论》。

② 藤田东湖(1806—1855),江户末期儒学家,水户藩士。藤田幽谷的二男。在藩主德川齐昭领导下尽力于藩政改革。其思想对尊王攘夷运动产生很大影响。安政大地震时被压死。著有《正气歌》《回天诗史》等。

③ 五伦,即儒教讲的父子有亲;君臣有义;夫妇有别;长幼有序;朋友有信。五常,即仁、义、礼、智、信。

"king in parliament"（国王加议会），在维多利亚女王时代就不好办，必须特意换成 Queen 才行。但如果是换成 crown，则男女均可，也挺方便的。

3.6 没有译出来的部分

丸山：此外，同样在国际私法里，"pirates"（海盗）这部分根本就没译出来，这本来在国际私法中是一个非常重要的问题……

加藤：在中文版里也是把 robbers or pirates 译成"盗贼"，而不加以区分。

丸山：惠顿在《万国公法》英文版中提到："海盗是文明国家的共同敌人"，还详细论述了怎样对付海盗这个问题……

加藤：《万国公法》第一卷第二章里阐述国家定义之处有好几种说法，但是在英文原文里作为 voluntary associations（自愿结成）的 robbers or pirates（强盗或海盗）有这样一句话："盗贼或海盗这类自发组织起来的集团不能称以国家之名。"

丸山：翻译把二者显然混在一起了。

加藤：说到头来，译者们可能还不知道 piratea（海盗）这一提法的原因，为什么惠顿特意将之与盗贼区别开来。译者可能认为二者哪一个都可以吧，反倒是重野安绎的译本将之译为"海陆盗贼"了，姑且不去理会他理解到什么地步。

丸山：堤毂士志所著《万国公法译义》的最后部分有一段话中提到"买卖黑人或亏空"，并在"亏空"左边注有破产的解释。但是这里第二卷却未译完就中断了。英文里同一章中还有更多的内容,堤毅士志没译完。不过,在日本人意识中,像"买卖黑人"这样的事情和自己毫无瓜葛,或许未译完跟这有关也未必可知。

加藤:往好里说,只是把重要的部分译出来就行。

丸山:是这样的,所以做出那样的选择的原因也是非常值得探讨的。接下来第三章是 Natural equality of sovereign states,在中文版中译为"论诸国平行之权",就是讲国家平等说、同权说,是一处值得探讨的问题,但是却未译出来。

第 4 章 翻译对社会文化的影响

4.1 哪些被翻译过来了?

加藤：查阅明治初期的译本，首先令人注意的是关于军事及兵法的书很多。而且从非常早的时期就开始了。而在科学技术方面，除了像蒸汽机这种工业技术外，就自然科学总体而言，化学要比物理、数学等翻译得多得多。医学的译本虽然也很多，但因为医学是以荷兰学为基础的，内容已了解得很充分，所以要求有更为详细的内容，而那些译本是在江户时代以来的思考方式上延伸下来的。但是化学却并非如此，是新起的。因此，我们就要考虑一下为什么了。

丸山：是舍密学[①]吧。就是用了 chemistry（化学）这个词的音，加上了"舍密"这两个汉字。

加藤：接着是法律制度的问题。出于和西洋交往的必要性，总之当时大家都在关注《万国公法》了。其次要搞制度改革，首先就得把对方的制度作为参考，也正因为有这种背景，典型

[①] 日语中化学原称"舍密"，由荷兰语 Chemie 音译而来。

的像福泽谕吉,有关西洋的一般信息都想得到,包括历史及地理方面的知识。要说起明治时期有哪些东西被翻译过来的话,我想这里最能显示出当时社会的需求。而最后出现的才是文学和艺术类的译作。

我认为文学、艺术方面,简单地说就是写实。明治时期的读者也应该知道小说不是现实吧。像看言情小说以及《八犬传》①之类的书。所以就连初期被翻译出来的瓦尔特·斯科特的小说《艾凡赫》②等,我都觉得看上去像写实主义的。因此,大量翻译了写实性的作品。绘画也一样,在黑田清辉③出现以前都是那样。因西洋画是写实的,所以开始是在工科学校搞的绘画、油画。美术学校刚开始研究的不是美术而是技术问题,如何带有阴影,使用远近法等,而且主要是以制作铜版画为主。

---

① 全称《南总里见八犬传》,作者是曲亭马琴(1767—1848)。江户后期的读本,共98卷106册。此书是作者花费28年心血完成的日本古典文学中最长篇的巨著,讲述八颗水晶大珠飞散之后转生为称为"里见八犬"的八名勇士的故事。
② 瓦尔特·斯科特(Walter Scott,1771—1832),也写作沃尔特·司各特。英国诗人、作家,出生于爱丁堡。初时继承家业成为一名律师,后因对苏格兰的传说产生浓厚的兴趣,开始了以苏格兰中世为背景的小说写作。《艾凡赫》是其创作的长篇历史小说。中国早在1905年就出版了林纾和魏易合译的文言文译本,旧译名为《撒克逊劫后英雄略》。而日本则是由牛山鹤堂翻译为《政治小说 梅蕾余薰》(明治十九年(1886)12月刊)。原著虽是历史小说,但作为反专制主义的政治小说畅销于世。
③ 黑田清辉(1866—1924),西洋画家,日本自然光派画法的代表。出生于鹿儿岛。1893年与久米桂一郎设天真道场,1896年创白马会,并于1898年受任东京美术学校教授。1922年成为帝国美术院第二代院长。

4.2 化学为何会受人关注？

加藤：为何化学会那么受人关注呢？一是染料，另一个是火药，我认为这是最大的动机。另外化学肥料可能也有些关系。对当时作为轻工业代表的纺织产业来说染料是必需的；而火药对于军事来说更是必不可少的；至于肥料嘛对农业国家来说是休戚相关的大问题。大概有这些诸多理由使化学在当时备受关注。

对了，构成当时日本人精神世界的算是朱子学吧。据说世界由五个要素组成……

丸山：是阴阳五行吧①。

加藤：另一方面，强烈影响着19世纪西洋世界观的是达尔文的进化论，以及约翰·道尔顿②的原子说，主张世界是由原子组成的。这种并非是莱布尼茨的形而上学的粒子，而是作为更实证的化学知识的粒子，这一事实给予了西洋世界观以极大的冲击。自这种学说进入日本后，是否刺激了日本人世界观的改变？即由当时五元说开始转向。

丸山：不是太清楚……但即便是没有那么大的意义，至少我们看福泽谕吉，他常拿化学现象做例子来说明。比如说化合，就

---

① 所有万物由阴阳二气所生，由木火土金水五种要素组成。——原注
② 约翰·道尔顿（John Dolton，1766—1844），英国化学家。1801年发现了混合气体的分压法则，即道尔顿法则。1803年近代原子论概念形成，发现倍数比例的法则。1808年发表了《化学哲学的新体系》，奠定了近代化学的理论基础。

是氢与氧化合成水这类，或化学实验不都是非常不可思议的吗？总而言之，他的文章里化合与实验的例子非常多。

加藤：譬如说，是怎样的呢？……

丸山：在《文明论概略》里有这么一段话："人的智力和议论，犹如按化学定律变化的物质。……石灰和氯化铵都不是烈性物质，但如果把它中合起来，就要变成氯化铵精，其气味足可使人昏倒。"①

加藤：这很有意思。

丸山：西洋做学问的方法是搞实验。这个可能是相对阴阳五行的另一极端而显现出来的吧。作为方法论福泽有意识地提到了牛顿力学。那是数理物理学。化学实验，不是更能给予人们意外的惊讶吗？从实验中获得新的知识。对于那时至今为止只懂得依靠经验知识的日本人来说，所谓的实验（experiment）是非常新鲜的。不像阴阳五行那样，从先验的绝对真理演绎出来，而是根据实验来证明正确与否，这在当时优秀的日本人的眼里看来，不正是西洋学问极为优越的象征吗？

4.3 接受进化论

加藤：再者，福泽谕吉好像对进化论也很感兴趣吧。

丸山：进化论大概是在明治十年（1877）以后进入日本的。到了明

---

① 此处中译文据《文明论概略》（北京编译社译，商务印书馆，1959年4月第一版，1997年5月第7次印刷）68页。

治十年以后,赫胥黎①的《万物进化要论》等被翻译过来……

加藤：但是,对进化论的始祖达尔文理论的关注又是如何呢？还是通过斯宾塞而传入的吗？

丸山：加藤弘之对此有过梳理。在这一点上,以海克尔②为代表的德国学者起了很大的作用。且不论有没有受到进化论的影响,我认为中江兆民和福泽谕吉两个人的观点大相径庭。对于中江兆民来说肯定是有决定性的影响,"进化神"这一说法是由他提出来的吧。而福泽提出的则是"进步的思想"。将两者一比较,就明显可以看出进化思想与进步思想的不同。进步思想这一说法出现于18世纪,而进化则到了19世纪后期才出现。毫无疑问,进步当然是好的,可进化却未必能这么说。中江兆民也说,进化有好的方面也有不好的方面。甚至连战争,也都是受到了"进化神"的影响。因此,最初进化论传入日本时,就带有两种意思：既对推动自由民权思想有所影响,也有被其反动的一面所利用的,如加藤弘之那样。

至于对适者生存(survival of the fittest)、自然淘汰(natural selection)的理解,构成了一种潮流,即帝国主义的

---

① 赫胥黎(Thomas Huxley,1825—1895),著名博物学家、生物学家、教育家。支持和继承友人达尔文的《物种起源》学说,达尔文进化论最杰出的代表。著有《人类在自然界的位置》《脊椎动物解剖学手册》《进化论和伦理学》等。

② 恩斯特·海克尔(Ernst Haeckel,1834—1919),生于德国波茨坦。德国动物学家、思想家。达尔文进化论的捍卫者和传播者。基于达尔文进化论,提出"生物发生律",认为"个体发育是系统发育简短而迅速的重演";有关生物发生提倡唯物论的一元论哲学。著有《自然创造史》《人类的发生或人的进化史》等。

社会进化论。人们常说,严复之后中国对进化论的理解恰好与日本相反。同样的适者生存,在中国强调站在弱者的一方,而日本则属于帝国主义的立场,强调人们必须成为强者,适者才能生存下去。

加藤：中国的这种观点与美国犹太人的很相似。即使是现在,在美国的犹太人当中,仍有人极力主张纯粹的适者生存、自然淘汰这一思想。

丸山：霍夫施塔特①所做的古典派美国社会进化论的研究,在这一意义上就很有意思,很能解释美国所说的自由竞争,即强者为胜的思想。按照霍夫施塔特的话来说,社会进化论是在美国传播得最早,并且渗透到个人主义当中去的。而在日本,加藤弘之对进化论的认识最早。并以强者为胜的这一竞争原理否定了自由民权论的自然法说、人人平等以及天赋人权论。

4.4　进化论对世界观的影响

加藤：探讨进化论,是因为每当自然科学有新的发现或者出现可称为科学革命的新学说时,都会对整个世界观产生很大影响。其核心的科学也随着时代的不同而不同。17—18世纪是牛顿的物理学。19世纪在潜在的意义上说就是进化

---

① 霍夫施塔特(Douglas Richard Hofstadter,1916—1970),政治史家。生于纽约州。在哥伦比亚大学取得硕士、博士学位。1952年起任哥伦比亚大学历史学教授。主要著作有《改革年代》《美国生活中的反智主义》。

论和化学了。到了20世纪，至少在欧洲，物理学又重新振奋，相对论和量子力学震撼了整个世界。20世纪后半叶则是分子生物学吧。因此明治初期，日本人一方面对19世纪自然科学的宠儿化学很感兴趣，那另一方面他们对进化论又是怎么看的呢？

丸山： 在我看来，日本并没有什么世界观。和中国一对比就能明白。中国自严复以后，进化论对世界观起到了决定性及革命性的影响。严复把赫胥黎的《进化和论理》（*Evolution and Ethics*）译成《天演论》。天竟然能动，这的确令人吃惊。中国人自古以来对天有着无比深厚的信仰。天就跟神一样是永远不动的、绝对存在的实体。天要是动了，那世上万物就都成了相对的了。严复自己是用易来说明的，朱子学以后就是"太极""理"这种终极实在——类似于亚里士多德的纯粹形象的就是"理"——作为万物的基础，在动的背后有一个绝对不动的东西。因此，严复介绍说所有的事物都在动，这一理论对中国的士人来说可以说是动摇了中国几千年的古典哲学的基础。在日本，儒学家本身就不重"理"而重"气"，认为自古以来就万物流转，并不拘泥于永远的存在。

加藤： 对对，光嘴上是这么说说而已。

丸山： 在日本，自然科学扮演的角色是对意识形态起到某种辅助作用。实际上，进化论和社会有机体论结合在一起，成为国体论的基础。明治时期的社会主义者也提倡进化论，但没有形成对传统思想进行革命的冲击力。

> 我以前曾写过一篇论文《关于福泽的〈实学〉转回》（1947年）。福泽是相信数理物理学的，他称之为"数理学"，也就是所谓的"实学"。他认为牛顿的力学体系只存在于西方，是西方学问的基础，而在东方是不存在的。所谓"实学"在江户时代有很多，但都没有超出有助于日常生活的实学范围，而不是建立在抽象的数理物理学的基础上的实学。而欧洲文明是建立在最抽象的"理"的基础上的。他到最后都一直在阐述这种实学概念。因此到了幕府末期，人们开始重视"物理"和"道理"的区别。客观探求传统学问中没有的社会和人际关系，这一思考方法虽然出自数理物理学，但并没有扎下根。仍然是道理优先，修身优先。他之所以讨厌儒教的原因就在于此。

加藤：因为混同了存在的法则和道理的区别。

丸山：是的。东方哲学都是如此。"道"这一词即是如此。它既包含"应行之道"之意的"当为"，也包含了客观的"法则"的意思。两种都有，因此福泽虽然一个劲主张"实学"，却又时常提倡抽象思考的重要性。

加藤：福泽在什么地方强调抽象思考的作用了？

丸山：在《福翁百话》（1897年）里，从开始到最后他强调脱离日常生活的"空理空论"这一点始终没变，是要将之与卑俗的实用主义区别开来。不管怎么说他看穿了一点：西洋文明的秘密就是自17世纪以来的自然科学的方法。

加藤：真是明察。

丸山：虽说如此，但一般说来，正如我刚才所说，关于进化论，至少在知识阶层,在世界观上掀起思想革命的还是中国。

4.5 福泽谕吉的科学观

丸山：看了福泽谕吉的科学观,我们就会知道,对明治时期日本人的传统思维构造最形成冲击的不是生物学而是牛顿的数理物理学理论。例如,夏目漱石的《我是猫》里面有个登场人物是理学学士寒月,他就受了牛顿的万有引力的冲击。[①] 而生物学的对象是有机体吧!即便是朱子学,在日本以伊藤仁介为首,都认为天地是一大气场,"气"是在优先地位,而不是"理"。传统的观念认为,能动的活着的生物可以称之为大有机体。比如士农工商的支配基础,从江户中期开始就被视作与有机体是同一结构的,人与人之间和细胞一样是互相依靠的,所以生物学的模式很容易就能让人接受。可是在日本人的自然观里完全没有无机的自然,亦即牛顿力学的自然。这种剥离掉所有的意义和价值判断,让主观和客观完全对立的看法,在日本思想史的文献中,佛教和儒教都没有,神道更是没有了。

加藤：在东洋自然学和科学技术是不挂钩的吧!譬如说在中国生产技术非常发达的时候,也跟朱子学的世界观是不相关的,相互独立的。而福泽谕吉在提到西方文明就是牛顿的数理

[①] 《我是猫》第二章里面出现的有关引力的部分是主人和迷亭的对话内容,是主人直接从英语课本上翻译了一段引力的故事念给迷亭听。第三章寒月在讲绞刑时从物理学的角度谈到体重与绞索承受力的关系。

物理学时,考没考虑到牛顿和技术之间的联系呢?

丸山:福泽谕吉的言说是两面作战。"实学"这个词在朱子学、心学都用,意思是指不要学者的空论,日常实践之学才是真正的学问。大家光知道福泽谕吉的《劝学篇》①最开始的一段很有名,常被误解为只是提倡实用,除此之外都无意义。其实并不是那样。从最开始就提到空理空论的重要性,用的是"虚学"这个词。就是要在这"虚学"之上建构高尚的学问。这个"高尚"当然也可以理解为没有直接用处的学问。

加藤:"虚学"这个词是用在什么情况下呢?

丸山:实际上"虚学"是作为反语来用的。他说高唱空理空论的必要性,其实才是西洋文明的厉害之处。

加藤:这又和"实学"有什么关系呢?

丸山:福泽谕吉说,根基于阴阳五行所指的"实学"当然是不行的。也就是要严格区分自然和人为。他说过:"攻破自然,才能自由。"这里是指,人们逐渐地认识客观的自然,这一过程就是科学的进步。西方的"实学"就是建立在这种人与自然的严格区别之上。

加藤:东方不是那样吧。

丸山:关于科学,福泽谕吉也是将其与技术严加区别的。他对近代科学把握得很准确:科学是技术的基础。在幕府的末期,

---

① 《劝学篇》是以"天不造人上之人,亦不造人下之人"开始的。显示个人平等及自由、独立的原理。谕吉对世袭身份制度持批判态度,《福翁自传》里也写有"门阀制度是父亲的眼中钉"或是"幕府压制的虚张声势"。《劝学篇》强调"实学"(科学)的重要性,在自江户时代转向明治时代的过程中发挥了重要的作用。

进步派都倾向于技术一边。东洋道德、西洋艺术是属于主流的。① 然而福泽在《劝学篇》中写到,实学与技术是不同的,并在实学一词上标注了"サイエンス"(科学)这一假名释义。

加藤: 那可能是19世纪末吧。在西洋,比如像牛顿那样的抽象的自然理解,物理学也与技术分道扬镳了吧。本来铁道啦、冶金啦,和高度抽象的物理学的世界观是没有关联的,但到了19世纪的后半期,出现了热力学之后才开始有所变化。福泽如果是在推测这一背景的话,那他的洞察力真是令人佩服。

丸山: 我读过之后觉得,洞察和想象有掺杂在一起的感觉。总之有两样东西是东洋没有西洋有的,一个是人民的独立精神,另一个是科学观。

加藤: 19世纪生物学的重大事件,不用说一个是达尔文,还有一个就是克劳德·伯纳德(Claude Bernard,1813—1878)的《实验医学序说》(1865年)。明治初期的人是怎样理解的呢?

丸山: 对于实验,刚才已经提到过,福泽也反复说过:东洋是没有的,东洋有的是阴阳五行,是用先验论的范畴去理解的。

加藤: 实验这个词本身很早以前就有,但在这里意思有些变化……

丸山: 实验和试验一词是一样的。福泽在《文明论概略》中说道:"凡是世间的事物如果不去尝试的话是不会有进步的""从开天辟地到今日为止,或可称之为试验的世界",也就是说,

---

① "东洋道德,西洋艺术"是日本江户末期思想家、兵法家佐久间象山(1811—1864)提出的应对西方列强势力入侵的一种主张。

这里所指的是用实验去修正假设。所以"文明是不断修正错误的一种进步"这句话也就是从这里出现的。福泽与加藤弘之的不同之处,也正是在这里。加藤弘之是死坚持"因果必然"这一点的,想用因果必然的理论去完整地说明西洋,所以认为天赋人权毫无道理。对于东洋学的批判这一点上与福泽是一样的,但福泽有其特有的认识实验的眼光,这点倒是接近约翰·杜威①的工具主义。

加藤：如果是在欧洲的话,我想实验大概是始于培根②的时候吧。像这样的实验是与技术结合之后才进入生物学领域的。19世纪的后半叶,实验与牛顿引力并列成为西洋科学的重要组成部分。

丸山：福泽并不是将实验和技术联系在一起,而只是意识到这是东洋所没有的。

加藤：连不上关系是理所当然的,即便在欧洲,也有像奥古斯特·孔德(Auguste Comte,1798—1857)那样的哲学家主张人性中的感性是推动社会发展的动力;人性中的才智是推动社

---

① 杜威(John Dewey,1859—1952),美国著名哲学家、教育家、心理学家,实用主义的集大成者,也是机能主义心理学和现代教育学的创始人之一。他的著作很多,涉及科学、艺术、宗教伦理、政治、教育、社会学、历史学和经济学诸方面,使实用主义成为美国特有的文化现象。杜威的思想曾对20世纪前期的中国教育界、思想界产生过重大影响,也曾去访中国,见证了五四运动并与孙中山会面,培养了包括胡适、冯友兰、陶行知、郭秉文、张伯苓、蒋梦麟等一批国学大师和学者。著有《民主主义与教育》《哲学之改造》《自由与文化》《我的教育信条》《教育哲学》《明日之学校》《心理学》《批判的理论学理论》《学校与社会》《经验和自然》《经验和教育》《人类的问题》等。

② 培根(Roger Bacon,1219—1294)英国哲学家和炼金术士,实验科学的创始人,被称为"实验科学之父"。他认为做实验是了解自然的最大法宝,在科学研究过程中绝对不能只是相信别人告诉你的事。

会发展的工具。实验的方法和数学的方法真正结合到一起的话，应该是在 20 世纪吧。如果是在福泽的时代，能意识到这两者就已经很了不起了。

丸山：福泽是用"试验"的观点来看社会的，民权论者的激进主义是从这里展开批判的，也就是将共和政体绝对化。他们说：共和政体如果不去实践的话是不会知道结果的，在法国，就连比专制政治更为残酷的罗伯斯庇尔①统治下不是都实施了吗？将各方面政体的相对化观点也是从这里出来的。这是一种相对主义吧。福泽将明治维新称作革命，并不是否定革命的渐进主义。但是就连革命，试验的结果也可能是错误的。

加藤：因为犯错误才会有进步，对于这种说法的不同理解是非常新颖的。

丸山：可能福泽喜欢反论的缘故吧。关于犯错误得以进步，他曾在水户演讲过。

加藤：对于这种想法与其说是受特定作者的影响，莫如说更有可能是受了英国式想法的影响。自由民权派也好国权派也好，一旦认为是正确的就坚持不懈，这是大陆型的，即德国式的，或法国式的。如果是中江兆民的话，他是不会这样认为的。兆民的想法是向着真理追求的。

---

① 罗伯斯庇尔（Maximilien François Marie de Robespierre，1758—1794）法国大革命时期政治家，深受卢梭的影响，雅各宾专政时期的实际最高领导人。在他任公共安全委员会委员后，实行恐怖政治，1793 年 3 月镇压了左翼的埃贝尔派。主张处决国王路易十六。同年 7 月 27 日热月政变发生，次日罗伯斯庇尔被逮捕处决。

4.6 影响知识分子的翻译书

加藤：回到刚才的话题，关于当时的知识分子的思考方式，比如说福泽谕吉，哪些书对他们影响大呢？从他们所读过的翻译书来看，会有什么发现呢？

丸山：在社会体制方面，托克维尔的影响不能不谈。福泽算是比较早熟的，托克维尔也是与众不同。因为他是贵族出身，所以不赞同罗伯斯庇尔的统治。但却对英国的地方自治制度给予评价。他去了趟美国，对于美国的制度，既看到其长处，同时也看得到其短处。对美国的乡镇制度①甚至达到了美化的程度。另一方面也看到美国民主主义的问题点：事实上是有很多专制的、规划一律的地方。人们精读的主要是托克维尔的这一面吧。

加藤：托克维尔身上法国学派味不那么足吧。其原因之一他是个政治家，身临其境，所以很难像一般学者一样抽象地议论政治问题。他只是仔细地观察投票方法、议会的运作方式，并将之记录下来。他那客观观察事物的冷彻性，也着实令人震撼。在这一点上，与17世纪后的法国的传统又有相似之

---

① 乡镇，美国各州下属的政治机构。位于郡之下，拥有直接民主制的对话集会和治安审判官等制度。

处。蒙田（Montaigne）、拉罗什福柯①、圣西门②，他们都是身处权力斗争之中，却拥有一双明亮而清澈的眼睛观察世态。对于人类的行为，不论个人还是集体，基本上都可以站在自然科学的角度，换句话说，站在临床学的角度来观察。这一倾向可以说一直延续到托克维尔。

丸山：托克维尔的民主主义概念，与其说是政治概念，不如说是社会概念。同时也可以说是文明批判。基佐（Guizo）的《欧洲文明史》虽说比不上托克维尔，但也很不错。这本书福泽也很爱读。

加藤：还有呢？……

丸山：还有就是沃尔特·白芝浩和约翰·穆勒吧。白芝浩的《英国宪法》福泽读得非常透彻。白芝浩这人也挺怪，他不是学者，而是新闻工作者，他的品位和观察力与森鸥外有相似之处。他的《英国宪法》被称为 disguised republic（伪装的共和国）。看似是在拥护君主制，实际上却是一种隐蔽的共和制。他把宪法分为 dignified part（尊荣部分）和 efficient part（效能部分），即尊荣部门和实施部门，君主制、贵族院等尊荣部门不能参与实际政治，而内阁作为实施部门可以召集议会，虽然是一种观念上的议会。③

---

① 拉罗什福柯（La Rochefoucauld），法国17世纪著名箴言作家，著有《回忆录》《箴言集》。

② 圣西门（Henri de Saint-Simon，1760—1825），法国著名哲学家、经济学家、空想社会主义者。

③ 即通过分离尊荣部分与效能部分，实际上发生了权力的革命性转移。内阁由君主的附属品，转化成了这个"隐蔽的共和国"的核心。

福泽谕吉写的《帝室论》(1882年)①就属于这一论述。不过福泽还是受到时代的限制,他认为荣誉权在于天皇,所以必须授予天皇,有人因此认为福泽是认同日本的天皇制,所以经常被引用。不管怎么说,把君主和作为实施机关的国会分隔开来,天皇制和议会政治便得以奠基,福泽为此感到震撼。《帝室论》很明显,是针对福地樱痴②的天皇帝政论而写的。后者为了对抗自由民权运动而成立了立宪帝政党。虽说福泽是为了对抗福地,但该文实际上是以白芝浩《英国宪法》为模本的。

4.7 原著质量的问题

丸山：顺便说一句,前面我们讲到翻译历史书时,提到的孟德斯鸠也是一个很好的例子,最高水平的书和通俗书几乎同时被翻译出来,而且有时候是由同一个人翻译的,影响力也几乎相同。比如,福泽本身一方面深受穆勒、白芝浩、托克维尔这些人的、至

---

① 明治十五年(1882)福泽谕吉在《时事新报》连载《帝室论》后马上刊发。该文强调维持国家、社会的"众心所归"的必要,但帝室应处于"政治社外"。而明治政府要员井上毅因持有将天皇大权置于宪法核心的构想,故对此论很警戒,他给别人的信中说："(福泽谕吉的《帝室论》)其趣意全在于英国国王临御而不统治之说。即(将权利)归之于议院内阁组织。耳食(闻他人之说而盲信之)之徒皆心醉其说之妙,不能看破其真相。实不堪痛叹也。"——原注

② 本名福地源一郎(1841—1906),号樱痴。长崎人,出身医师家庭。政治家、文学家、记者。从1874年到1888年主持《东京日日新闻》,后任主笔、社长。1877年因为深入前线报导西南战争而闻名。在此期间与福泽谕吉合称"天下的双福"。代表作有《幕府衰亡论》(1883年)、《幕末政治家》(1900年)等。

今仍被视为经典著作的影响,同时也介绍过威兰德的《政治经济学原理》(*The elements of political economy*,1843)。

加藤：现在谁也不知道威兰德是谁⋯⋯

丸山：连福泽也将威兰德和托克维尔混为一谈,就别说一般人了。所以,经济学方面,约翰·穆勒和威兰德是同时翻译出来的,也就要考虑到其影响也是同时的。

法律方面也是如此,一方面令人吃惊的是孟德斯鸠的 *De l'esprit des lois* 由何礼之译为《万法精理》(1875 年)[①]。这个题目译得很好。现在一般译作《法的精神》,可是反映不出 des lois 这一复数。这种最优秀的一流法律书被翻译的同时,宪法、刑法、民法、商法,以及其他法律的通俗解说书也被大量翻译出来了。

4.8 后发国家的早熟性

丸山：翻译问题中比较有意思的是,关于共产主义和社会主义介绍得很早。在明治十年就翻译出来了,可以说是后发国家的一种早熟性吧。无论是在《鲁国虚无党事情》(1882 年)中还是在伍尔西[②]写的《古今社会党沿革说》(1882 年)中,

---

[①] 该书中文译本既有据此转译的同名书《万法精理》(张相文译,1902 年),也有严复翻译的《法意》(1913 年),但均为节译本。1963 年商务印书馆出版了由张雁深译成的《论法的精神》的全译本。

[②] 西奥多·德怀特·伍尔西(Theodore. Dwight Woolsey,1801—1889),曾任耶鲁大学校长。著有 *Introduction to the Study of International Law*,1860 年,箕作麟祥据英文原著译为《国际法——一名万国公法》(1873—1875 年),导致"国际法"一词的最早诞生。丁韪良则将其译作《公法便览》(光绪三年序,1877 年),将原著作者译作吴尔玺,翌年明治十一年(1878)《公法便览》便由水野忠雄加训点在日本翻印出版。

都注有假名"コンミュニズム・アンド・ソシアリズム"（communism and socialism）的训释。在这里，"古今"中的"古"，不知道是多么"古"，不过，谈论的内容是共产主义和社会主义，所以应该不会那么"古"吧。还有一本朱尔斯·凡尔纳（Jules Verne）写的《虚无党退治奇谈》（1882 年）中也有提到。

此外，加藤弘之在很早的时候也对社会主义和共产主义作过介绍，福泽也在《民情一新》（1879 年）中写到：社会运动、社会主义这样令人畏惧的现象在欧洲发生了。据《民情一新》说，随着科学技术的进步信息流通发达起来，那么思想也就得以快速传播。于是一旦某种思想观念在民众中传播开来，就会得到强劲的东风，往往政府也奈何不得。而且这并不是从情感向理智的单方向过渡，而是整个社会会在"情海"的大浪里随波逐流。这正是近代文明中的一种现象。所以，他说："现在西方各国面对蒸汽电信的发明而不知所措"。[①] 一种政府控制不住的新生势力诞生了。关于社会主义和劳动运动，福泽在明治十年初就已经这样讲了。

日本的产业革命虽然还处在非常落后的阶段，但政府看到这些俄国虚无党啦、欧洲的社会主义啦，对其所做出的

[①] 《民情一新》里有原文："西洋人は蒸気電信の発明に遭ふて正に狼狽するものなり。其狼狽は何ぞや。民情の変化に在るのみ。""蓋し今の世界の人類は常に理と情との間に彷徨して帰する所を知らず，之を要するに細事は理に依頼して大事は情に由て成るの風なれば，其情海の波に乗ぜられて非常の挙動に及ぶも亦これを如何ともす可らず。"——原注

应对态度就是要在这些问题尚未出现在本国内的时候，早早就对社会主义采取预防措施。我认为这种应对态度是日本近代化过程中的重大问题，正如之前所言，在后发的国家里存在着某种程度的思想早熟的共同问题。实际上，自由民权运动，也是因为有政府的镇压，才突然激进起来。政府还是恐惧民众运动走向暴动，亦即有可能发展为恐怖活动。

共产主义和社会主义，最早出现在加藤弘之的《真政大意》（1870年）中，把共产主义写作"コムニスメ"。其中的"メ"，我想可能是他阅读了法语的文献后按德语的发音才会写成这样的。因为加藤弘之是学德语的吧。

加藤：看来也只好那么认为了。

丸山：《真政大意》里介绍到："开始出现コムニスメ（共产主义）和ソシアリスメ（社会主义）学说"，是在明治四年，即1871年[①]，真的是很早。这是一种后发国家思想上早熟的现象，有些早的不可思议。

加藤：不用说，《共产党宣言》（1848年）已经出版了吧。

丸山：是啊，已经出版了。因此，政府方面，在劳动阶级尚未成形、劳动运动还未发起的时候，及早地就开始着手预防的对策了。

4.9 明治政府对翻译的举措

丸山：想来也是，如果是跟军事制度、富国强兵有关的书籍还能理

---

① 《真政大意》是明治三年出版的，即1870年。

解，可实际上，包括历史书，那些并没有直接用处的书，也都是由太政官①、元老院②、左院③这类权力机关牵头翻译的，这样的举措让人感到很吃惊。太政官的翻译局、元老院，然后是各个省部委都在进行这项工作。比如说大藏省、文部省、陆军部、司法院……就各个机关所执掌的领域，不用说翻译得当然很多，其中众所周知的中江兆民所翻译的《维氏美学》(1883—1884年)④是个相当有趣的例子。首先得说，中江兆民关注到美学这方面就相当不简单了，维隆所写的《美学》(l'Esthétique)这本书是由文部省（教育部）委托中江兆民翻译的。这书与科学技术无关，是关于艺术论的根本之美学。而且还是早在明治十六年，也就是1883年就出版了。这是在明治十四年政变发生后政府内部的大隈派、进步派的政府官员同时被赶下台之后的事。而且是在自由民权运动的最高潮、自由民权运动和明治政府对立冲突的时

---

① 太政官是由左大臣、右大臣、大纳言、左右弁官、少纳言组成的政策决定机关，不是特定的职称。是明治维新以后至内阁制度起步为止的一个机关组织，相当于现在的内阁，为行政的最高机关。

② 元老院，自明治八年(1875)至明治二十三年(1890)为止存在的立法机关。

③ 1871年(明治四年)废藩置县后，为实施中央集权而改定太政官制所设的立法咨询机关。当时太政官分正院、右院、左院这三院制。左院为立法机关，但议员的任命权归正院，议事章程以及左院开闭也由正院决定，且决议的表决也由正院举行，所以只是一个单一的咨询机关。明治八年(1875)天皇下诏确立立宪政体时将其废除，随后设置了元老院。

④ 《维氏美学》是译自法国实证派思想家尤金尼·维隆((Eugene Veron, 1825—1889，也译作"魏朗"等)的《美学》(1878刊)。原书出版后不到5年就有中江兆民的翻译出版，这是在日本首次介绍的西欧美学体系和艺术论，下卷所译出的各论将同时代的展望也收入其视野，论述到福楼拜(Gustave Flaubert, 1821—1880)、左拉(Émile Édouard Charles Antoine Zola, 1840—1902)等，对日本近代文学也产生了深远的影响。

候,让高举自由民权旗帜的领头人物中江兆民来翻译的《维氏美学》这本书。

同时,比如说在明治十六年所发行的书籍里还有拂波士所写的《主权论》。所谓拂波士就是指托马斯·霍布斯①这个人。在霍布斯的著作里没有《主权论》这样的书名,所以我认为这个翻译是来自《利维坦》(1651年)这本书里的部分内容。这本书是文部省出版的,没有注明译者的名字,有福冈孝悌②的题字,还有九鬼隆一③的序文。这很明显是在对抗自由民权运动。霍布斯虽然是主张社会契约说的,可是日本却翻译了《利维坦》这本主张国家万能的书,这里面很显然是有政治意图所在。文部省一方面让翻译霍布斯那样的作品,一方面却委托民间人士的中江兆民来翻译《维氏美学》,像这样的海纳百川的胸怀,我觉得不能小看明治

---

① 托马斯·霍布斯(1588—1679)英国王党派的哲学家、政治学家。清教徒革命前亡命法国,后回国,1860年王政复古后受到国王的厚待,拥护绝对主权者、绝对王政,主张实施强有力的专制权力的统一。

② 福冈孝悌(1835—1919),幕末期土佐藩的家老。明治时代政治家。进入吉田东洋私塾跟岩崎弥太郎和后藤象二郎学习。其后,跟吉田东洋一起从事藩政改革,1862年东洋被暗杀后辞职。1863年成为藩主山内丰范的助手,推进公武合体运动。1867年与后藤象二郎一起代表土佐藩面会将军德川庆喜,奉劝其大政奉还。之后成为新政府的参与者,与三冈八郎共同起草"五条誓文"。福冈不希望用武力打倒幕府,希望采取诸大名合议制。故在誓文中有"兴列侯会议,决万机于公论"之辞,是其如实体现。明治维新后与同为土佐藩出身的板垣退助一起活跃。1919年85岁去世。

③ 九鬼隆一,别号九鬼成海。嘉永五年11月出生。三田藩士星野贞干之子,后继承丹波绫部藩九鬼氏,明治五年从大学南校监事做起,明治十七年任驻美特命全权公使,后任枢密顾问官、从二位勋一等男爵,擅长诗歌,工于书法。

政府。虽然这里我们不去提家永裁判①了,可现在的文部省真是堕落了呀。

在对抗自由民权运动这方面的书籍里,其中还有翻译埃德蒙·柏克②的 *Reflections on the revolution in France* 的元老院版本。以《政治论略》为题,是由金子坚太郎翻译的,明治十四年(1881)出版。这是帕克对法国大革命所持的反对意见,所以立马选中很快就翻译出来了。像这样对作品有所选择,跟翻译霍布斯一样都是具有政治意图的。而且和霍布斯作品时一样,马上就引起很大的反响。植木枝盛为此感到愤怒,写下了反击的檄文《杀勃尔哼③之气焰》,连载于明治十五年三月的《土阳新闻》与《高知新闻》里。

---

① 也称家永教科书裁判,家永三郎氏(旧东京教育大学教授,思想史研究家)执笔的高中日本史教科书《新日本史》(三省堂)遭到审查,他三次状告国家的这种审查制度,由此展开的一系列审判。从 1965 年到 1997 年共审了 32 年,被称为史上最长的民事、行政诉讼。《新日本史》1953 年以后作为审查通过的教科书广为使用。但 1955 年开始严格审定制。《新日本史》根据 1960 年改订的学习指导要领修订后虽然通过了,但本来不成问题的有关亚洲、太平洋战争的部分遭到指摘。家永认为这种审查违法,要求国家赔偿损失(第一次诉讼),并取消教科书不合格处分(第二次诉讼)。之后 1980 年及 1983 年年度的审查中所要求的修改和删除内容有南京大屠杀、731 部队、冲绳战争等,家永提起第三次诉讼,最高法院认为教科书检查制度本身合法,但有关上述内容的修改删除命令是违法的。

② 埃德蒙·柏克(Edmund Burke,1729—1797),爱尔兰政治家、作家、演说家、政治理论家和哲学家,曾在英国下议院担任数年辉格党的议员。他最为后人所知的事迹包括他反对英王乔治三世和英国政府、支持美国殖民地以及后来的美国革命的立场,以及他后来对于法国大革命的批判。对法国大革命的反思使他成为辉格党里的保守主义主要人物。柏克也出版了许多与美学有关的著作,并且创立了一份名为 Annual Register 的政治期刊。他经常被视为英美保守主义的奠基者。主著《对法国大革命的反思》。金子坚太郎在日本最早介绍柏克,将其著作抄译为《政治论略》出版。

③ 指柏克。

还有，我觉得将让·克拉塞特①的《日本教会史》(*Histoire de l'Eglise au Japan*)翻译为《日本西教史》也相当有趣。这是1715年出版发行的关于基督教研究的经典著作，由太政官翻译出版，明治十一年(1879)到十三年之间共出了四册。《日本西教史》到大正时代为止多次重版，内容为基督教进入日本后遭受迫害的历史。

加藤：关于基督教的书，当时在日本应该还没有。也没有日本人写过这类书吧。

丸山：那当然没有。

加藤：由太政官来出版这样的书，是因为在政策方面，太政官有必要知道基督教的历史吗？

丸山：因为进入明治时期之后，基督教才被认可。

加藤：可以说决定者是个相当不简单的人物，他也会想到该书对日本人的影响吧。太政官不是都讨厌基督教吗？

丸山：从内心讲是不喜欢的。

加藤：或许他是因为大使馆员提出抗议之后，才勉强同意翻的。或许一想如果再来一场基督教徒的造反不好办，才想要查一下过去的事件吧，假如西洋人从旁煽风点火的话，弄不好国家领土就会被掠取走，等等原因吧。

---

① 让·克拉塞特(Jean Crasset，1618—1692)，生于法国迪耶普的耶稣会传教士。在巴黎修道院讲述哲学等人文科学的同时，亦写下了许多宗教书。

4.10 文明开化——民心与政府

加藤： 那么，我们来看看明治初期民众对于西洋的态度，开国初期尚停滞在好奇的阶段，但不久便全都变了。人人开始学英语，事事模仿西欧，对西方的向往可谓前所未有。就像现代，人们开口闭口都是全球化一样。

丸山： 识字率很高，文盲基本被消除了，我觉得普通百姓心里对西方文明的向往愈加浓重。所以当时不光是福泽的《劝学篇》，他的《世界国尽》等书都畅销得很。幕府末期出版的《西洋事情》的读者中，比起知识阶层，武士阶级或许更多。

加藤： 在此之后，西洋风气进一步扩展到平民百姓之中。假名垣鲁文（1829—1894）所著的《安愚乐锅》等书也曾流行一时。书中提到有一老兄俨然什么都知道的样子说道："这年头大家不吃牛肉，就无法跟上时代的步伐。你们都在干什么呢！"于是有人会问："牛肉吃了不要紧吧？"老兄回答道："不是要不要紧的问题了，现在就兴这个。"打个比方来说，就像现在你知不知道流行摇滚乐一样，在当时"西洋"就是最新事物的代名词。

丸山： 其中也发生了许多无知可笑的事。首先，当时只有新桥到横滨之间的一条铁路，但电信已普及到全国。您知道，建电线杆拉电线的同时政府发布了征兵令，由此便有谣传说那电线传送着人民的鲜血，甚至引发了暴动。明治六、七年的

"血税暴乱"中的"血税"一词就跟这有一定的关系。① 因为你电线杆子在那儿立着嘛,所以,以日本新桥为中心的文明开化很快便遍及到了全国。

同样,与此并行,平田派国学家的动向也值得关注。最初他们在政府的祭政一致的方针下取得了主动权,可两三年后便稍纵即逝。因为要坚持"惟神之道",所以进退维谷。开明派对平田派的做法也十分头痛。先是王权复古、恢复祭政一致,然后又和律令制一样把神祇官置于太政官之上。这类做法慢慢地就被淘汰,终于在明治三十三年(1900),内务省实施官制改革,他们被划归为神社局和宗教局了。可是,由于初期已经建成了祭政一致的体制,教导人民的便是神官。明治维新之后,政府随之把多数平田派的人任命为神官,可到了后来却没有多大用处,于是又来了个一百八十度大转弯把他们都派往全国各地,让他们都转去宣传文明开化了。《明治文化全集》的文明开化编中记载了这类开化趣闻。是不是神官们自己写的另当别论,总之是用通俗易懂的语言来感化民众。这又是"心学"以来的传统,甚至可追溯到莲如上人②那里。

---

① 征兵令施行(1873年)的前一年,"征兵告谕"出来,其中有"血税"一词,加上对这一期间的新政策不满,全国开始暴乱。当时的新闻报道中围绕"血税"有很多"浮说妄谈""流言蜚语",其中有"用破身前的女子的血来涂电线"之类的报道(《东京日日新闻》明治七年二月)。——原注

② 莲如(1415—1499),日本本愿寺第八代法主,1415年生于日本京都,是亲鸾之十世孙,明应八年(1499)圆寂,著有《正信偈大意一卷、御文五帖》《真宗领解文一通》等。

说到此处，我想到了"开次郎"和"旧平"这两个人，前者开放，后者反动，是对头；"旧平"一个劲儿地主张保守，而"开次郎"便加以反驳，你来我往，成问答体的形式①，甚是有趣。当时还有脍炙人口的"文明开化百人一首"，为民众所喜爱。模仿"百人一首"②的形式作和歌，还真是创作得相当不错。比如"鼻尖渐渐热，纸烟卷，能否再长些？"或"海女稳坐钓渔船，告别人，须读布告和报纸"。几乎将当时时兴的重要的象征性事物（比如纸烟、布告、报纸）都网罗为题材了。

加藤：不过，一方面高喊口号掀起文明开化之旋风，而另一方面对那些官员们来说，本来就是把富国强兵作为文明开化的重要目的吧。

丸山：这一时期，同是出版《维氏美学》的明治政府又开始说文明开化过头了，一时间急着把儒教教育又恢复起来。明治维新之后，四书五经等在旧书店已卖得同废纸一般，而这时又再次价格暴涨。福泽大发雷霆，挖苦开化先生及其追随者之事，正是有此背景。

加藤：这与如今的国际化和官员们的关系也颇为相似吧。

丸山：明治维新的官员们都是从全国的知识层里集聚起来的最优

---

① 这里是指出现在明治七年至明治八年(1874—1875)出版的启蒙书《开化问答》中的两个人物，"旧平"说些对文明开化的不满，而"开次郎"则纠正之开导之，说些文明开化的好处。

② 百人一首，指藤原定家(1162—1241)晚年所编的《小仓百人一首》，它汇集了日本和歌史上的百人各一首，是最广为流传的和歌集。在江户时代，还被制成了纸牌作为新年的游戏，代代传诵，家喻户晓。后世多模仿这一形式编写新的百人一首。

秀人才。这正是打倒幕府的当事人——藩阀政府①的了不起之处。他们想要聘用的并不只限于福泽一人，幕臣中的所有优秀人才都想方设法网罗一尽吧。如在明治八年(1875)翻译了巴克尔《英国开化史》的大岛贞益②，这个聪明有为的年轻人就在太政官翻译局里做事。曾在幕府开成所里待过的文明开化派的知识人，大都进了明治政府。公务员及官员的素质与后来通过高等文官考试成为政府高官的时代是不同的。也就是从明治后半期开始进入高等文官时代，那都是从法律系出来的高材生。总之，若非如此，我想兆民是不会接受政府的要求的。尽管明治政府那时已清楚地显现出反动的倾向，可他还是接受了与之为敌对关系的文部省的委托来翻译《维氏美学》，这……当时也正是西园寺公望(1849—1940)打算发行《东洋自由新闻》的时代，所谓朝野，并非"朝"是反动，"野"是进步的，而是一段更为混沌的时代。

加藤： 文部省也曾考虑过如何办美术学校、音乐学校。也曾议论过是否办成西式。也许是对美学太过于相信，所以可能就寄予希望：只要做些美学方面的工作，如怎样教好音乐学好绘画，就能明白艺术教育的方向似的。

不管怎样艺术教育最终定下了西洋画和日本画，西洋音乐和日本传统音乐这种双管齐下的方针。这两部分是互

---

① 指主导明治维新的萨摩、长州、土佐、肥前四藩组成的派阀政府。
② 大岛贞益(1845—1914)，兵库县出生的经济学家、翻译家，早期在明治政府从事翻译工作后，以努力介绍外国经济学为主。

无关联、完全独立的,由不同的教师去教不同的学生。这不是和魂洋才,而是和魂和才与洋魂洋才的并立。自然科学方面,至少在国立大学,完全是按西洋模式组建的。正如森鸥外所说,"医学是同一标准的"。因此中医只在民间广为流传,直至今日。而问题更为复杂的是,和魂与洋才时而对立时而融合,并以各种方式交流互动,尤其是在政治、经济和道德的领域吧。

这种复杂性确实鲜明地反映在翻译问题上:翻译什么?如何翻译?翻译出的概念和思想是怎样被社会接受的?

后　　记

　　本书的成书过程，如最前页编辑部出版说明所言，是为了编辑"日本近代思想大系"第15集《翻译的思想》，丸山真男针对我所提出的问题一一作出了解答，然后将之编辑而成的。问题主要是集中在翻译方面，而回答却远远超出了翻译的范围。

　　就"明治初期的翻译"这一话题来说，从共时（synchronic）来看，当然与日本现代化的过程不可能分开而论。因为以西方社会为典范的近代化的前提之一，就是要广泛大量地翻译西方的书刊文献。而且，同一话题，从历时（diachronic）来看，又不能不分析以前的德川时代文化，在那么短的时期内，翻译能达到高度精炼的水平，且几乎涉及文化的所有领域，这当然要求日本社会具备应有的历史经验和运用语言的能力，甚至还必须具备一定的知识才智。在这本书里，丸山之所以花费很多篇幅来讲述明治初期的思想状况，并进一步深入到江户时代儒学的知识生成中去追根问底，其原因正在于此。

　　我自己也从这些回答中学到了很多，而且学得非常愉快——什么也不学怎能享受这会话的愉悦呢？我把这些回答中与翻译有关的问题整理后，写了一篇论文"明治初期的翻译"，也就是《翻译的思想》的导读①,并收录在我的著作集 17《日本的诗歌·日本的文体》(平凡社,1996 年)中。论文中主要详细论述了三个问题:为什么要翻译?翻译什么?怎么翻译?

德川时代的文化中大部分(特别是知识、思想领域)都是来自翻译,所谓的"汉文训读法",也正如荻生徂徕所指出的那样,是中文文献(主要是古典)的翻译,它把中文词汇以及表现手法采纳吸收为以日语为媒介的文化,在这一意义上讲德川时代的整个儒家文化也都是一种翻译文化。这一经验可以说有助于明治时代西方文献的大量翻译,从而也创造出了日本的近代。

翻译文化不一定要排除独创。德川时代文化的独创性,不仅反映在说唱艺术净琉璃和诗歌体的俳谐上(其"汉文训读"因素极少),也反映在充分利用汉文概念所拓展的儒学思想上。日本的学者们并不只是追随着同时代的中国学者的。从明治时代以后的文化来看,至少在某种程度上可以这么说。

翻译文化并不会威胁到本国的文化。相反,会使这个国家的文化更加牢固。翻译不只是接受外国的概念和思想,常常是将外来文化按照本国传统来加以改变。外来思想,未必就能长期拉大知识分子与一般民众之间的距离。在这一点上,明治初期的译者(至少其中的一部分)有着清楚的认识。如果文化创造或革新思想是通过知识分子与一般民众之间的交往接触而形成的话,那么翻译文化只会刺激创作力,而不会抑制之。

但是一般来说,从外语翻译成日语,这里所说的外语是中文也

---

① 中文版将该导读收录为本书附篇。

好,是欧美各国语也好,常常都是单方面传送文化的手段。不同文化间的交往,要想得以"双向交流"的话,就必须同时也能逆向地把日语翻译成另一种外语,或者在多种文化中具备共通的语言(lingua franca)。逆向翻译无论在江户时代还是在明治以后的近代,只有极少的例外。共通语在中世纪的欧洲曾经有过,但从19世纪到20世纪前期这段时间,世界上都没有存在过。这样一来,文化的单方面传送现象,不仅塑造了闭关锁国的日本,也塑造了近代日本的特征。

文化的单方面传送,在国际社会上意味着孤立。要破除这种孤立,并欲在世界上坚持己见的话,近代日本所采取的手段首先是依靠军事力量,用军事力量伸张己见失败后,又靠的是经济力量。但是仅靠经济实力而不伴随着通畅无碍的交流的话,坚持己见也会受到限制,所谓通畅无碍的交流在文化孤立的条件下是无法实现的。

现在的日本,当然与明治初期大不相同了。在此我没法详细叙述之,但有一点是不言而喻的,那就是英语作为国际通用语言所具有的强大力量。英语和日语作为两个地方语言之间的关系,与作为国际语的英语和作为地方语的日语的关系是不一样的。今天的日本,在不同的条件下不得不解决的问题正是明治初期的日本想要解决的问题:即翻译与文化的自立、翻译文化的单方面传送与国际交流的需求这类问题。

探讨明治初期的翻译主义,只有从今天的视点来看才更具有重要意义。

加藤周一

附篇 明治初期的翻译——为何翻译？翻译什么？如何翻译？

加藤周一

1. 为何要翻译？

在19世纪后半叶,亦即明治维新前后的三四十年间,日本整个社会从政府到民间翻译了大批的西方书刊文献。其数量庞大而且内容包罗万象,从法律体系到科技教科书,从西方的地理、历史到国际关系的现状分析,从美国的《独立宣言》到法国的美学理论,在这么短期内,翻译了如此众多的重要文献,其中包括许多译者未知的文化概念,能达到基本准确的程度,这实在是令人刮目、堪称奇迹的伟业。明治时期的社会与文化就是建立在这一奇迹般翻译工程的基础之上的。

为什么要翻译？究其原因,其一是有必要性。其二是具有满足这一必要的足够的翻译能力。如果不具备必要性与翻译能力这两个基本条件,如此巨大的工程是不可能完成的。譬如,即使感到有必要翻译西洋文献,也充分认识到这一必要性(即动机),但如果没有相当的翻译能力,其中包括组织能力,也终究不能克服这一宏大翻译事业所伴随的困难。事实上就整个亚洲来说,随着西学东渐,也并非都像明治时代的日本那样掀起这股翻译热。反之,即使有翻译能力,诸如中国那样,由于大中华思想的根深蒂固,对翻译西方书刊文献的必要性没有足够的认识,其翻译的内容种类也是有限的,不会像日本那样涉及的范围如此之广。

1.1　翻译的必要性

众所周知,当年闭关锁国的日本,仅通过长崎维系着与中国、荷兰的通商关系,另外也与李氏王朝的朝鲜和琉球保持着一定关系。同以上诸国在军事上没有剑拔弩张的紧张关系,也几乎没有什么实力较量下的外交谈判。德川时代的有识之士与外国人接触的机会甚少,从某种意义上讲,外国甚至包括中国在内都是非常遥远的,但是有关外国的信息却未必匮乏。尤其是对于中国,由于文献知识的长期积累,以及通过长崎贸易的商船进口中国书籍,因此有关中国的地理、历史、制度、文化动向方面的信息甚多。换言之,有关中国的信息虽然很丰富,日本方面或许也对此深信无疑,然而现实中却与中国又几乎没有什么实质性的接触,因此也就没有感到来自中国的任何"威胁"。

恰恰相反,与西洋诸国之间没有这一基础条件。从18世纪末到19世纪前半叶,俄、英、美、法的军舰、商船、捕鲸船等逼近日本海岸驶入港湾,或强行补给燃料淡水,或要求相互贸易,或擅自进行测量,其势头愈演愈烈。到嘉永六年(1853)佩里率舰队闯入浦

附篇　明治初期的翻译——为何翻译？翻译什么？如何翻译？　141

贺港，欧美列强终于凭借其坚船利炮强势突现在闭关锁国的日本面前。

之所以在19世纪前半叶发生此类事件，是因为欧美正处在帝国主义急剧膨胀时期，特别是英国征服印度，一场鸦片战争（1840—1842）又将中国沦为半殖民地社会，还试图占领亚洲最后一个市场——日本。另外19世纪前半叶的欧美，远洋航海技术不断革新，大大缩短了与日本的空间距离。天保十五年即弘化元年（1844），在荷兰国王劝告德川将军开放国门的国书里，警告日本军事抵抗的危险，要借鉴鸦片战争的教训，同时强调通过与各国交往必然会带来技术革新。"蒸汽船的成功打造，无异于使各国相隔虽远犹近"（"荷兰国王之开国劝告"，日本近代思想大系《开国》史料Ⅰ-1）。

日本有关西方的知识是有限的。虽然幕府通过长崎的荷兰商馆得到了一些海外的信息（所谓的"荷兰风说书"），但其内容并没有公开。18世纪前半叶开始有汉译西学新书传来（享保五年（1720）"蕃书之禁"解禁之后），同一世纪后半叶兰学兴起，荷兰语图书的日文译本也相继出版。可是其内容仅限于天文历法、医学、航海等技术领域，尚没有涉及西方各国的政治制度以及历史背景。尽管蒸汽船缩短了与西洋的距离，随之洋人也直接来到门口了，但对日本而言，关于西洋的消息情报却是片面的、十分匮乏的。佩里舰队的叩关使这一点更为突出，由于谈判的背后是武力的威胁，所以信息不足，愈加感到帝国主义殖民化的"威胁"。

鸦片战争当然也使中国的知识分子深感信息的匮乏。譬如战后不久编撰《海国图志》的魏源（1794—1857）在十年后写道："欲制外夷者,必先始悉夷情。欲悉夷情者,必先始立译馆,翻夷书"(日本近代思想大系《历史认识》史料Ⅰ-3)。可是清廷并没有着手有组织地"立译馆,翻夷书",更没有模仿西洋制度实施大规模的改革计划①,可见中华思想是如此根深蒂固,无能的官僚组织又是这般颓废。而日本社会并没有什么中华思想,与长期作为宗主的中国相比,日本更容易轻装上阵。在获知鸦片战争的结果之后,为了对抗虎视眈眈的西方威胁,他们没有理由不积极地收集和获取西方的信息。借用福泽谕吉的话来说,就是在"知彼后伐彼"的所谓"海防家"出现的同时,也有很多人所持的立场像福泽那样:"大略了解外国形势情实,辨别敌我……"(《西洋事情》中之"小引",庆应二年(1866))。总之他们认为当务之急是面对目前的威胁,获取有关谈判对方的信息。

明治维新之后,政府深感不仅有必要了解西方作为交涉对象的基本情况,而且有必要知道西方可否作为日本的制度改革的样板。在执政不到四年里,就向欧美派出包括内阁成员在内的长达两年的大型视察团(明治四年出发的岩仓使节团),岩仓使节团的目的首先是为了纠正不平等条约,但更为重要的任务则是获取制度改革的必要信息。视察团迫切需要的信息内容是:其一,政治法律方面有关外国事务局、议事院、审判厅、会计局的理论与实践;其二,经济方面有关租税法、国债、纸币、公私汇兑、火灾/海上/失盗等保险业以及贸易、制造、火车、电线、邮政等诸公司,还有金银铸

---

① 鸦片战争二十年后,同治年间清廷才开始着手洋务,于1862年设置同文馆等翻译机构开始译书。

造厂等诸多工厂；其三，教育方面有关国民教育方法、公私学校的设立、费用、配套办法、各学科的安排、规章制度以及授予各级别的证书颁发办法，公私学校、贸易学校、各艺术学校、医院、幼儿园的现状等(《欧美使节派遣事由书》，明治四年(1871)，日本近代思想大系《对外观》史料Ⅰ-6)。正如使节团副使之一的伊藤博文所言："欧美各国之政治、制度、风俗、教育、生产经营等概超我东洋"，因此要将"开明之风移入我国"，明治的改革只有全面"效法欧美各国之现行制度"(《特命全权使节使命意见书》前引史料Ⅰ-7)。为此必须详细了解"欧美各国之现制"。可见"脱亚入欧"并非福泽谕吉的一己之见。

但是对于西洋信息的需要，即使是翻译西方文献的必要条件，却不是充分的条件。因为获取信息不只局限于翻译这条途径，例如岩仓使节团就可以通过实地考察来获得信息。但是，实地考察这种办法只局限于极少数的人才能做到，当事人除非通过优秀的翻译或是像森有礼、马场辰猪那样能把外语运用自如的人。即使是这样，获得的大部分信息也不能广泛传播。在一个拥有广泛知识阶层的社会里，想通过文献来了解外国信息的话，那只有两条路可走。其中的一条路是让大多数人能直接阅读外语文献。江户时期能够阅读中文文献的知识阶层就是很好的一例，他们中的大多数虽不会说汉语，像中世纪的欧洲知识分子们阅读拉丁文那样来理解中文，但他们并不是直接阅读中文，而是用加注各种训点符号等独特的办法对中文原文进行加工，将之当成一种日文来读。这种训读法在平安时代有了很大的发展，数世纪后，渐渐普及到江户时代的知识阶层。用同样的方法立刻对西洋文献加以解读的话，那是做不到的。如果说很多人能照原文去理解西方文献，那就应该是在这些人充分掌握了外语的时候，更极端的情况或许是西洋语代替日语作国语的时候吧。实际上森有礼确实曾考虑过把英语简化后作为日本的国语的可能性。另外一条路就是翻译。如果不希望走第一条路或是行不通的话，这时候，就剩下翻译这一条路可走了，也只有在这种情况下，翻译才成为获取西洋信息的直接手段。

但是明治初期，就日本应当拥有怎样的制度展开了议论。那时，明治政府的高官森有礼（1885年升为首任文部大臣）制定了帝国大学和师范学校制度，曾研究过采用哪种语言作为国语的问题，这一事实是值得注意的。森有礼留学英美近两年，作为少壮派外交官曾驻美三年，他把国语和日语在概念上区分开来。他认为国语应当是有意识地采用的某种语言，而日语是历史所赋予的一种语言，这种想法是正确的。当然有很多国家采用同一种语言作国语（例如法国）；还有就是一种语言压倒其他语言，经过漫长的历史过程，最终成为这个国家的国语（例如英国）；但是同时采用几种语言作为国语的国家也不少（例如瑞士、比利时）；再就是有些国家（例如印度）一直就采用什么语言作为国语这一问题意见分歧，经过激烈的辩论后，采用了数种特定的语言。从国际视野来讨论国语问题，必须把国语的概念与特定的语言区别开来考虑。但后来在日本，将国语和日语视为一致的倾向占了绝对优势，例如："国语辞典""国文法"这些说法就突出地表现出概念上的混乱。说到底，国语的词汇、国语的语法是不存在的，日语只不过偶然成了日本的国语，其本身拥有词汇和语法而已。只要我们将至今广泛通用的国语概念的模糊性和国际视野的欠缺比较一下就会发现，森有礼的见解是完全正确的。因为他明确定义概念，站在国际视野上才能够自发提出应该采用什么样的语言作国语这一问题。

但是森有礼自己对这一问题的回答是错误的。他认为应当用英语代替日语作国语。其主要理由是：第一，英语在国际商业中是主导语言；第二，理解西方的学术和技术并促进知识的发展不得不依赖英语；第三，日语是一种贫乏（its poverty）弱小（meagre language）的语言，作为交流的手段来说是不易沟通且不准确的（a weak and uncertain medium of communication）。森有礼之所以这么写是因为他在美国期间（1870—1873），曾向15名美国人征求过关于日本教育方面的意见，并把这些意见归纳在《日本的教育》(*Education in Japan: a series of letters addressed by prominent Americans to Arinori Mori*, 1873年）的绪论（Introduction）中（史料Ⅱ-5(2)）。其中的第一个理由，不论当时还是现在都是不可否认的事实。英语在国际商业活动中的需求是很大的，但是仅因为这个理由，就把英语作为国语是完全没有必要的，因为从事商业活动的人毕竟是国民的一小部分，只要他们会说英语就足够了；第二个理由是极其肤浅的。通过西语去吸收西方的知识的确既迅速又准确，但是通过翻译同样也能理解主要内容。如果通过原文去追求理解的速度和准确性的话，单把英语作国语还远远不够，要想了解德国的学问、法国的思想，就得把德语和法语也加到国语中去。而且在很多学术和技术领域中，远比英语和日语更为重要的是数学，且数学语言没有国界。第三个理由只能说是森有礼对日语的无知和偏见。他没能举出任何论据来说明日语是一种贫乏的语言。他说"不借助汉语的话"(without the aid of the Chinese),"我们自己的语言"(our language)就无法表达,这里说的"借助汉语"大概是指融入日语中的汉语词吧。除掉汉语词,日语剩下的就是大和语,这对于森有礼及同年代的人来说不是"我们自己的语言"。不管大和语的性质如何,都不能证明"我们的语言"是贫匮的。因为如果英语不借助希腊语、拉丁语、法语,不管它是什么,都不能证明莎士比亚以来的英语是贫乏的,这两者是一个道理。

如果日本人从神武天皇时代开始就讲英语的话,那该有多好呢? 这当然不是森有礼的空想,相反,他是想用英语作为政府的官方公用语言,在日本的近代化进程中通过义务教育强制国民学习英语。但是他几乎没有考虑过会有什么后果。肯定会出现的情况是:会讲英语的少数日本人和不会讲英语的大多数国民之间的隔阂,以及前者对知识、文化、权力的一种垄断。耶鲁大学的梵语教授威廉·D. 惠特尼(William D. Whitney,1827—1894)在回答森有礼的问题时也提到了这一点。马场辰猪1873年在伦敦出版的《日本语文典》的序文(Preface)里,也触及同样问题,对森有礼展开了批判,指出因同一问题导致了印度的知识分子阶层与广大民众之间的隔阂。[①] 如果采用外语作为国语的话,在政治方面、文化方面会给广大民众带来怎样的影响,这一点惠特尼和马场辰猪都注意到了,可是森有礼却没有。为什么呢? 很可能是因为对于美国人惠特尼也好,或对于受过英美的彻底的自由主义思想洗礼的马场辰猪也好,人民理所当然是国家的政治主体(包括国语政策)。

---

① 收入《马场辰猪全集》第一卷(岩波书店,1987)。

但是，对于明治政府高官来说，人民归根结底也只不过是权力操纵的对象罢了。如果不是这样的话，怎么也不会想到如此傲慢、肤浅的功利想法：为了外交官、贸易公司的方便而剥夺人民使用的语言，并强制他们学习另一种语言英语。从这个意义上来讲，森有礼的意见完全是错误的。

学习西方知识是当务之急，但是让绝大多数的日本国民流畅地读懂外文原文是不可能的。这两个条件就决定了广译西书是必由之路。

1.2 翻译的能力

从幕末到明治初期，之所以能够把西方语言（主要是英语）翻译成日语，是因为日语词汇中包含有丰富的汉语词。汉语词简洁明快，且含有抽象概念，将其重新组合后又可以创造出新词。而且，很多与汉字表记的中文语词相通，意思一样，所以又可以相互借用翻译的新词。日本的译者是充分活用了汉语词的这一特性。

中文词汇流入日本始于上古日语采用汉字表记。汉字本来是一个字代表一个音节和特定的意思，但在用于表记日语时，是舍去意思仅利用其读音，日语称之为"真名"（后来简化后成了假名）；而舍去读音采用其意思的则为"训读"汉字。为了补充大和民族自己的语词不足，只要学习中文，就可得到"音读"的汉字（汉语词）。大家都知道日语中使用的"音读"读音都是转写中文发音的。尽管音读体系与语法有着显著的差异，但随着这种日语的汉字表记（训读）和汉语词（即外来语）的持续增加，两国语之间用汉字表记的语词的重合愈发增多。日本人读古典汉语写的文章（汉文）时，可以从中找到与日文相通的语词，发现与日文明显不同的即语序以及动词形容词等的词尾变化以及后置词。只要改变语序，补上词尾和助词之类的，就可以将汉文读作日文（汉文训读），且大致意思不变。这一习惯自平安时代以来已经有上千年的历史了，其间汉语词不断被吸收到日语里来，这更加速了汉文训读的普及。汉语词在日语中的不断扩大和汉文训读的传统就是这样紧密地结合在一起。到了德川时代，教育的绝大部分就是汉文训读的训练，其原因正在于此。如果明治的译者们缺乏这种训练，没有能力自由运用汉语词的话，其翻译的大业恐怕难以成就吧。

箕作麟祥在其回顾（明治二十年9月15日的演说）中谈到：明治二年政府命令他翻译法国的刑法，当时很苦恼，明知原文的意思，却找不到合适的译词。像"权利""义务"这些都是借用中文版《万国公法》中的译词，而"动产""不动产"这些则是我们组合汉字重新创造的（史料Ⅱ-4）。另外，森田思轩也在《翻译苦心谈》中说要把西洋语移植到日语里来，日常用语里面没有合适的译词，"大多只能靠汉语词了"，紧接着又解释道："当然中文的语词有一半以上都归化到日语里来了，特别是文章语言，几乎把所有中文语词拿来用于日语都无妨，因而不能不依赖这些词"（史料Ⅱ-2(3)）。所谓"归化到日语里"的中文词，也就是日语中的常用汉语词吧。而"文章语言中所有的中文语词用于日语都无妨"无疑是汉文训读这一漫长的历史所带来的结果。对森田思轩而言，这正是翻译西方语言得心应手的条件之一。

汉文训读是一种翻译。可传大意却传不了原文语调，至于细部则有不少差异。如果真是想要正确理解中文古典的话,就应该不靠翻译,直接阅读原文。所以读汉文也应该不依赖训点,按照中文的词序直接去读。强调这一点的正是荻生徂徕。他钻研古汉语的意思和诠释,明确意识到语词意义的历史变化、书面语言和口语的差异,以及日语和中文之间的根本不同。[①]早在18世纪前半叶,他就编写出理解中文的细致而周到的方法,其后,将这一以古汉语为研究对象的方法运用于古代日语研究的则是本居宣长[②]。这种翻译中文的历史经验后来又用于荷兰语,再用于英语,屡试不爽。

但是,徂徕学派的影响并不能一气改变德川时代的儒学家和明治时代的汉学家的传统读法。明治十九年在文科大学任教的巴兹尔·霍尔·钱伯林(Basil Hall Chamberlain,1850—1935)说:"学汉文的没悟出何为汉文,这几乎是汉学家之流的常态"("期望改良中文读法",《东洋学艺杂志》第61号,明治十九年10月25日)。这正是批评不知有多少汉学家还在用汉文训读法来读汉文,却误以为是读了原作。完全与两百年前徂徕的批评一模一样。但是日本人读汉文时要改变词序也就与读英文要改变词序一样,这种议论全然忽视了汉文训读传统的真谛。如前所述,汉文训读的翻译得以成立是因为汉文与日文共享大多数的汉字语词。这一决定性的条件在英文和日文之间并不存在,反而是汉文与日文之间存在的这一条件,对日本人来说不仅是汉文,而且也是英文的翻译行之可能的条件。

[①] 荻生徂徕将这一想法最先表述在《译文筌蹄》中,其"题言十则"的第二则。
[②] 参见《本居宣长全集》(筑摩书房,1968年)第九卷"解说"。

当然,明治维新前后对译者有利的条件不仅限于汉语词。第二个条件就是兰学家们翻译荷兰语的经验。大多数早期的译者,首先立志学习兰学,然后又转学英语,必要的时候再学法语或其他西语。从荷兰语到英语,再从英语到法语,这条学习语言的路径是条近路,无论词汇还是语法,抑或其文化背景也是如此。我们继续引用箕作麟祥的例子来看,他祖父箕作阮甫是著名的兰学家,外文翻译机构蕃书调所的教授。而麟祥自幼读荷兰语的书,到了江户末期又开始学英语。巴黎世界博览会(1867年)时有机会去欧洲,于是自学了法语,搞到手一本英法对译辞典,两个月就达到"可以看《读者》的程度了"。如果不是从孩提时代就学荷兰语的话,根本不可能做到这一步。再说英和辞典,早在文化十一年(1814)就由本木正荣等人编辑成了一本《谙厄利亚语林大成》,当时荷兰人也参加了编纂,给日本人解释和说明英语的意思。[①] 由兰学家创造出不少译词,特别是以医学为主的科技术语,荷兰语和英语之间的术语对应关系很容易看出来,所以明治时期的译者们都可以继承译自荷兰语的术语,比如:人体的脑、神经、骨膜,理化的水素(氢)、炭素(碳)、重力等。简而言之,在19世纪后半叶,日本着手翻译了大量的西学,而兰学经历了百年时间,为日本人理解西方语言打下了基础,也为创造译词做好了技术上的准备。

但光凭汉语的造词能力和兰学的经验恐怕还不够,在解决翻译技术问题之前,西周、福泽谕吉、加藤弘之,或比他们晚生十多年的箕作麟祥、中江兆民、大岛贞益、永峰秀树(森有礼和马场辰猪也

[①] 参见森冈健二"欧美事物概念的翻译",《翻译》,岩波书店,1982。

属于这一代),再往下就是坪内逍遥、森鸥外了,这些出生于明治维新以前的日本知识分子,对于西语的原文,亦即作者的思想都能大体上正确理解和把握,通过他们收入本书(《翻译的思想》)的翻译作品可以清楚地看出这一点。为什么能做到那么准确的理解呢?当然是在于他们各自所拥有的经验和环境,以及意志和才能。但是,总的来看,19世纪的西洋和日本之间尽管存有巨大的差距,但也还有些共通的特征。如果没有巨大的差距,谁也不会想到要以西洋为典范去改造日本社会。如果社会与文化以及历史完全没有共通之处的话,也就几乎不可能去理解西方社会的现实和其象征体系。

比如人们热衷于基佐、巴克尔的文明史,是因为至今没有见过那种历史,也就是评价欣赏那种与自己过去的历史之不同之处。能做到这一步,只有自己的社会已经具有高度完备的历史记述传统才可能。[①] 如果日本自己没有《六国史》《愚管抄》《神皇正统记》《读史余论》等,也就不会对基佐、巴克尔抱有强烈兴趣吧,更难以想象对其文本的正确理解。克洛德·列维-斯特劳斯(Claude Levi-Strauss,1908—2009)讲过"非历史的社会",而西洋也好日本也好都是特别具有历史感的社会。

正如众多的学者们在论述日本的"近代化"前提时所指出的那样,19世纪的西洋与日本有着很多共性:"封建制"的历史,发达的官僚机构,包括小农在内的农业高产,共同体内部的协商、协作的习惯,拥有全国市场和全国性的通讯交通网,识字率高(接近人口的一半)等。比如日本留学生看到英国的邮政制度,一定会很吃

[①] 参见本书第2章第2节"注重历史是缘于日本的儒教吗?"

惊：并不是说信件能投递到国内的每个角落，而是送达的速度能那么快！所以就发现问题是要改善日本的效率，可以凭技术来解决之。再比如，普及到全国的历法和统一的长度、重量、时间单位这一体系在西洋和日本都是共通的，唯一的差别是西洋的日历和欧洲大陆的测定单位（1875年签订的国际公制条约）要比日本常用的体系更为合理、更为方便而已。正因为如此明治政府在明治五年（1872）就迅速采用了太阳历，随后又导入了公尺法。因为日本剧场已经有了，净琉璃也有了，剧作家近松的剧本里也有故事的起承转结，与莎士比亚的剧本也差得不太远，所以坪内逍遥才能够迅速准确地理解莎士比亚。

一般而言，日本的社会和文化在知性感觉方面的洗练程度有点近似西洋，只是在发展方向上各自迥异罢了。而整个世界沿着西洋的方向急速发展起来。所以，转换方向（我们可称之为"近代化"）对日本来说就成为一个课题，于是也就产生出理解西洋的必要，这一理解大体上进行得迅速而又准确，其原因在于日本文化所具有的高度的文化修养（sophistication）上。这正是在日本翻译得以实施的第三个条件。

2. 翻译了什么？

我们把经荷兰传入日本的学问称作兰学，当时传入的窗口只限于长崎，而且进口什么样的书籍都受到幕府的严厉监控。自佩里舰队叩关到幕府末年这段期间，以英美学问为主的英学取代了兰学开始广为流行，法国的学术也随之兴起。通商港口增加，出国留学的

附篇　明治初期的翻译——为何翻译？翻译什么？如何翻译？

也多了起来。尤其是明治维新以后，在"文明开化"的旗帜下，可以大量进口西洋书籍了，阅读这些的便是继兰学之后的"洋学家"们。中江兆民在明治二十年(1887)写有《三醉人经纶问答》，那时就已感到有必要推出"洋学绅士"的主张，可见"洋学"已经很普及了。

"洋学"的主要目的是通过西方书刊文献获取西方知识，虽然西语文献未必只限于西洋的知识，但很明显，"洋学"的对象不包括印度、印度尼西亚那边的文献。最能说明这一点的是明治十六年(1883)矢野文雄（龙溪）为地方好学者编写的《译书读法》（史料Ⅱ-1）①。这里所谓的"译书"几乎都是翻译的西方书刊，因此《译书读法》实际上是通过译著来了解西方的一本"洋学指南"。其中的历史部分细分为"万国史""各国史""万国近世史"三类。"各国史"中所列举的只有希腊、罗马、德国、法国、英国、美国和俄罗斯，仅此而已。也就是只包括了当时的西方各大国，而不包括亚洲、非洲、拉丁美洲的任何一国。虽说没有西学译书日本不也同样可以了解中国历史，但这只是例外，对其他国家的历史可以说一无所知。"洋学"一方面表现出了对欧美知识的强烈欲望，同时也反映出对欧美以外（除中国、朝鲜）的其他国家的漠不关心。《译书读法》的"宗教类"里，只列举了《旧约圣书》和《新约圣书》（都是施加训点的汉文）。对西洋的基督教很关注，佛教则另当别论，对世界三大宗教之一的伊斯兰教更是不感兴趣。当时在日本没有伊斯兰传教士活动也是其理由之一。由此可见包括矢野文雄在内的"洋学家"们的目的不是想要了解全世界，而只是想知道欧美。

---

① 参照本书第1章第12节"关于《译书读法》"。

要想了解欧美,该阅读哪些书呢？该翻译什么书呢？因为日本当时在欧美法律专家的帮助下,正在准备以欧洲大陆法为范本来制定日本国内法草案(关于《万国公法》后面再述),所以翻译西方各国法律无疑是当务之急。并且制度改革所需的参考书以及导入西方的学术和技术(地理、军事、医学、物理、化学等)所需的教科书的翻译也是非常必要的。总之从初级入门书到专业书,翻译无不以实用为目的。这正是福泽谕吉在《西洋事情》(1866)的前言里所介绍的"文学技艺"那样:

> 单讲西洋之文学技艺,而不去详解其各国政治风俗如何……会反招其害。而欲观各国之政治风俗,则必先读其历史。

而这里我们看到福泽已经不满足于"文学技艺"了,抱此想法的并不只是福泽谕吉一人。因此才会有翻译历史书的热潮兴起,欧美各列强国的历史得以翻译正如前所述。在直接需要洋学实用的那个时代,洋学家们的眼光能够超越实用技术领域,而面向历史以便更加深刻地理解西方文明,这一点是值得我们关注的。

矢野文雄的《译书读法》将"文明史"与"历史"分列而论,前者把"进化学类""文明史类"和"社会学类"并列而论,分别介绍了达尔文、基佐和巴克尔、斯宾塞的译著。斯宾塞是社会进化论的具有代表性的思想家,受达尔文"自然淘汰"(natural selection)论的影响,提出了"适者生存"(survival of the fittest)这一观点。达尔文"进化论"和斯宾塞"社会学"之间的"文明史"是人类社会"进化"(evolution)或"进步"(progress)的历史,是"文明开化"过程的具体阐述。可以肯定至少作为《经国美谈》的作者是这样认为的。实际上永峰秀树的译著《欧罗巴文明史》(史料Ⅰ-4)里使用的是"进步"一词,巴克尔的《英国开化史》(史料Ⅰ-5)也是基于这种进步史观。历史是文明进步的过程这一观点在19世纪,特别是在达尔文之后的欧洲已经很普及,明治时期的翻译家们把握住了这一点。

在日本传统史观里并没有"进步"这一概念。他们认为历史不是一个走向特定的价值实现的过程,而是一个过去的黄金时代如何衰落的过程。如佛教的末法观和儒家的浇季说①。《史记》则是历史循环之说,如"三王之道若循环,终而复始"(《高祖本纪》),或"物盛而衰,固其变也"(《平准书》)等。后者与佛教的"盛者必衰"或"诸行无常"之说相似。"骄奢主人不长久,好似春夜梦一场。"②都是说事物衰而盛、盛而衰的反复过程,是一种循环论的观点。

有些人口口声声称"过去的黄金时代",都是由复古主义引发。要王政复古,要恢复德川家康以来的闭关锁国和攘夷传统。而"尊皇攘夷"只是打倒幕府的一种口号,并不能成为明治近代化政策的口号。事实上"尊皇"保留下来了,但它跟以西洋为师的制度改革的需要没有什么直接关系。另外从历史循环论来看,纵有诸行无常的佛理,对历史来说也不会有任何积极主动的作用。的确从当今来看,如果按照历史循环论的话,日本军国主义由兴盛走向灭亡,其东山再起的可能也不是没有的。可是明治维新之后,开始向"富国强兵"迈进的日本社会,诸行无常观被抛至脑后,而盛者必衰

---

① 道德衰败人情淡薄的时代,末世、乱世。
② 日本中世小说《平家物语》开头部分的引诗,此处中译文参考人民文学出版社1984年版,周启明、申非译。

的思想也是容不得的。尚未置身于兴起的时期自然谁都不会想到衰落。维新必须向前看,走向未来,且不论每个人的未来如何,但新制度必须是出自旧制度的一种"进步"。

文明进步史在所有译著里当然都占有特殊位置,所以基佐的《欧洲文明史》和巴克尔的《英国开化史》被广泛阅读。明治社会之所以特别关注历史进步观(包括生物学"进化论"和"社会进化论"),理由之一是当时的知识分子对同时代(准确地说是比同时代稍前)的欧美流行事物特别敏感。例如明六社[1]的西村茂树[2]认为"进化论在现今各哲学理论中是最有势头者……"(《自识录》,明治三十三年(1900))。在欧美什么是"最有势头者"一直是其后近代日本学者乃至大部分艺术家最为关心的事情。明六社同仁和明治初期知识分子与后继者们的不同之处在于他们选择翻译对象的标准不仅是欧美流行的,还要适应日本社会的需要。

一方面,当时需要翻译的是实用性的技术情报,另一方面,为了理解不同风土文化,也有必要翻译历史方面的知识。这样说来,众多学者翻译的《万国公法》正是联结了这两方面的需求:不光是为了对应日本外交上的技术需求,也是为了明确日本在国际社会中的基本立场。

在外交上,当务之急是国际法知识。中国在鸦片战争以后,19世纪40年代要同英国打交道,50年代又不得不同介入太平天国

---

[1] 明六社,明治六年(1873)由森有礼发起,1874年西村茂树、福泽谕吉、西周、加藤弘之等参加的日本最早的学术团体。

[2] 西村茂树(1828—1902),伦理学家,教育学家,参与明六社的创立,主要作品有《日本道德论》《西洋事物起源》等。

运动的西洋列强进行交涉。为此需要补充必要的国际法知识,于是便有了这本 1864 年出版发行的美国亨利·惠顿(Henry Wheaton)著 *Elements of International Law*(1836 年)的汉译本《万国公法》。① 在日本,自美国佩里舰队叩关以后,19 世纪 50 年代幕府与以美国为首的西洋列强签订了通商条约,当时日本同样缺乏国际法的知识,对于国际法或国际惯例以及谈判规则等,日本是一边问对方,一边进行谈判的。安政四年(1857)与幕府代表团签订《日美通商条约》的美国总领事哈里斯就日本方面的提问,回答了以下问题:公使的职务权限是什么? 没有官员介入的贸易是什么? 还有所依据之处理事件的"万国之法"是什么?(详见田中彰:"从'黑船'叩关到岩仓使节团",日本近代思想大系《开国》"导读")这种一边向对方讯问"游戏"规则,一边进行的"游戏"从一开始就注定是不可能取胜的。其结果便是日本丧失了关税自主权,承认了租界的治外法权。当事者不是没有痛切感受这一点。实际上汉译本《万国公法》在北京刊行后,日本就在次年直接翻刻了汉译本(1865 年)。并且在明治维新的 1868 年,西周也出版了自己留学荷兰时期的课堂笔记《和兰毕洒林氏 万国公法》,堤毅士志也把汉译本《万国公法》翻译成日文《万国公法译义》(节译)。明治三年又出版了重野安绎的《和译万国公法》(史料Ⅰ-1),这也是依据汉译《万国公法》翻译的。《万国公法》一书到了明治时期几乎呈现出流行的趋势。

改正幕府末年缔结的不平等条约是明治政府的重要课题。当

---

① 参照《翻译的思想》中张嘉宁写的《万国公法》的导读。

时的谈判不能称之为谈判,连国际条约是什么都不知道就缔结的条约,当日本自己知道其内容后,更是必须要重新通过谈判改正之。明治四年日本政府派遣岩仓使节团出访的目的就是在收集情报的同时改正不平等条约。

正如《美欧使节派遣事由书》所述:"从前的条约宜应改正,确立独立自主的方针。如欲改正从前的条约,则应以列国公法为依据。"(日本近代思想大系《对外观》史料Ⅰ-6)

明治五年,伊藤博文作为岩仓使节团的成员之一在美国停留期间也强调说,日本的对外关系要与"开明诸国""同等",应依《万国公法》处理。使节团的使命是:

"使我日本帝国加入开明诸国的行列,与遵守《万国公法》诸国展开平等外交,欲完全取得独立自主的公权。

"天皇陛下无论平时与战时,应按照欧美各国遵守的《万国公法》之条规处理外交事务。"

("关于特命全权使节之使命的意见书"《对外观》史料Ⅰ-7)

对于明治政府来说,其目的是与欧美诸国保持平等关系。为达到此目的,急切而不可缺少的工具便是《万国公法》,然而岩仓使节团并没有完成这一使命。数年后的明治十八年,伊藤博文就已指出体现欧洲"文明道德"的《万国公法》却不被适用于欧洲以外的国家,由此他强调说作为与欧洲列强对抗的手段,"扩充军备"要比《万国公法》更为重要("关于欧洲见闻之伊藤博文书函",《对外观》史料Ⅰ-15)。同时,明治十七年10月10日《东京横滨每日新闻》

社论也说:"亚洲诸国并没有从万国公法中得到一分利益",并指出"欧洲政治家所说的万国公法实为欧美两大洲之万国公法,他们所说的道理只是通用于欧美两大洲的"。(《对外观》史料Ⅱ-26)

这种想法的背景后面,可以看出日本当时有一种把欧洲之"文明道德""道理"与《万国公法》等同视之的倾向。历史学家田中彰认为明治初期是把《万国公法》与"天理"同等相视的,如当时吉野作造所说:"这一公法是宇内之公法,即一种形而上学的规范"("从'黑船'叩关到岩仓使节团",日本近代思想大系,《开国》)。如果这个说法是正确的话,《万国公法》不仅是外交谈判的技术工具,同时也关系到当时日本人对待世界的基本看法。如果"万国公法即天理",那么明治五年伊藤博文主张的"按照《万国公法》之条规,处理外交事务"便是追求实现"天理"的一种理想主义。另一方面"万国公法即天理"的"天理"如果只是在欧美诸国之间通用的话,那么"公法"也就不能在欧美以外适用。因而处理亚洲的国际关系,正如明治十八年伊藤博文所考虑的那样,就是一种力量关系,由此得出"充实军备"的结论来。当然国际上的实力较量,不只是由军事力量来决定的。但是没有军事力量作背景的外交,至少在19世纪帝国主义时代是很受局限的。换言之,把国际法与伦理上的"天理"同等视之的倾向,从国际关系的角度上看,必然会产生两极分化,即纯粹的伦理上的理想主义和无视国际法的彻底的军国主义。但是在这里我们不能就此问题深入进行探讨,只是提醒大家注意:就国际法而言,日本明治时期的人们聚焦于它,不单是出自必要性与实用性这一理由。

明治初期的知识分子并不局限于政治和历史的领域,他们对西方的哲学也非常感兴趣。西周早在明治三年(1870)就开始讲《百学连环》了,明治七年出版了《百一新论》(1874年)一书。明治十四年井上哲次郎编写了《哲学字汇》(1881年),明治十七年竹越与三郎翻译了库赞(Victor Cousin,1792—1867)的《近代哲学史》(1884年),接着中江兆民翻译了阿尔弗雷德·富耶(Alfred Fouillée)的《理学沿革史》(1886年)(此处之"理学"就是哲学的意思)等等。还有那本《理学钩玄》(1886年)也是全面吸收了佛朗哥(Adolph Franck)的《哲学辞典》(*Dictionnaire des sciences philosophiques*,1875年)。从上述原著之选择上也可以看出他们的意图,即明治学者是要普遍理解西洋哲学的主要概念及定义和其历史沿革。这种态度就是不仅要关注西洋的技术,还要了解西洋的思想。也就是不只是停留在"和魂洋才"上,而且要看透"洋魂"的本质是什么。

3. 如何翻译的?

3.1 对于概念的翻译

日本的学者们在广泛接触西书的过程中,不可避免地会遇到很多新的概念。这些概念是在其传统知识及文化中所没有的。他们对于这些概念,并不是以简单的音译方式来将其引入日本文化中去,而是用汉字组成新词的方式对这些概念进行彻底的意译。这种翻译态度,既不同于自平安时代以来对汉语文献(包括汉译佛经)的那种训读式翻译；也完全不同于自太平洋战争以来至今的那种用片假名表音的音译式翻译，而是极像现在的中国学者们对外文的翻译态度，也就是彻底的翻译主义。当时明治时期的日本译者所采取的翻译手法大致可分为以下四种：

第一，借用兰学家们所翻译的新词。其绝大部分是自然科学领域的学术用语。兰学家们在翻译荷兰医学著作的时候，遇到人体的脏器及组织的名称时，所采取的方法是，中医上已有记载的就照搬使用（例如心、肺之类），中医上没有记载的就自造新词来翻译。例如，杉田玄白于永安三年翻译《解体新书》（1774年）的时候就造出了"神经""门脉"等词；宇田川玄真在文化二年翻译的《医范提纲》（1805年）里就造出了"腺""膵"等日本国字（参阅日本思想大系《洋学·下》406页"機里爾"、414页"大機里爾"的补注）。明治时期在翻译医学术语时就沿用了上述译词。

除此以外，在翻译化学及物理学时也使用了同样方法。例如"水素""炭素""窒素""硫酸""盐酸""硝酸""重力""远心力""张力"等词都是由兰学家们翻译出来的，为明治时期的译者们所借用且沿用至今。[1] 诸如上述这些用汉字组合而成的新译词，实际上在对原文进行翻译的同时，也对其进行了分类整理。也就是说所翻译的概念是属于元素类、酸类，还是物理学的力的范畴，从字面上就能一目了然。从这个意义上来讲，译文可能比原文有些地方更合理。具体来看，例如元素符号的H、C、N，如用片假名将其英语

---

[1] 参见斋藤静《荷兰语对日语的影响》，篠崎书林，1967；森冈健二"欧美事物概念的翻译"，《翻译》，岩波书店，1982。

音译的话，就成了"ハイドロジェン"（氢）、"カーボン"（炭）、"ナイトロジェン"（氮），一眼看去并无法知道这是元素的名称。再如"哲学""化学""物理学"很明显就是表示一种学问，而"フィロソフィー""ケミストリー""フィジックス"就不知所云了，至少在字面上无法得知。在广译西书的过程中，意译胜于音译的理由当然不仅如此，在这里我们不去深入涉及，只想提醒大家兰学家们的贡献是不可轻视的。

第二，借用中文原有的译词。明治的译者们在翻译新概念的时候，如果在中文中已有现成译词的，就采取了照搬借用的方法。例如箕作麟祥在明治二年翻译法国民法的时候，曾经这样说过："当时找不到合适的词翻译真是发愁"，"像'权利''义务'这两个词，……在看到汉译的《万国公法》中把 right、obligation 译作'权利''义务'，就马上将其借过来用了"（史料Ⅱ-4）。惠顿《万国公法》的汉译版（1864年），于翌年就在日本被翻刻出版，其中当然是使用对应 right、rights 的"权"或"权利"。加藤弘之在庆应四年所著的《立宪政体略》（1868年）中就使用过"权""权利"等词，由此可见他很有可能参照了翻印版的《万国公法》。除此以外，加藤弘之还在明治三年出版的《真政大意》（1870年）中，将"权利"和"义务"并举论述；在同一年开始的西周所做的《百学连环》讲义中也将 right 译为"权利"；将 obligation 或 duty 译为"义务"。在这里我们暂且不提"义务"这个词，就"权利"一词来说，原出自古代汉语，据诸桥辙次编著的《大汉和辞典》所载，在《荀子》《史记》之中都有用例，含有"权力和利益"之意，最先是丁韪良在汉译《万国公法》时，将其用来转译英文的 right，后被明治时期的日本译者们继承

附篇　明治初期的翻译——为何翻译？翻译什么？如何翻译？

了下来。而明治前在日本发行的英和辞典《改订增补 英和对译袖珍辞书》（堀达之助编，1866年）中将right译作"道理"及"权"。在之后出版的辞典里基本上沿用了这一译法。直到明治十二年由欧内斯特·梅森·萨道义爵士（Ernest Mason Satow）和Ishibashi Masataka编辑出版的《英日口语辞典》（*An English Japanese Dictionary of Spoken Language*）中才开始使用"权利"一词。这之后几乎所有的辞典都采用了"权利"这个新译词。中江笃介（兆民）校阅的《法和辞林》（法学塾藏版，1887年）里也是将法语的droit译成了"权利"。前面提到的箕作麟祥在同一年所做的演说之中有这样一段话："权力""义务"这样的词，今天对于你们来说已经是耳熟能详了吧……。由此可见，早在明治二十年之前，"权利"作为一个日语词就已被广泛使用了。当然，该词也不是一开始就被人们接受的，明治十年以前，将"权利"写作"权理"的学者也大有人在。例如西村茂树就于明治八年10月在《明六杂志》上发表了"权理解·西语十二解之三"一文。中文里并无"权理"这个词，可能是把早期在英和辞典中所列举的"道理"与"权"两个译词合并而成的吧。大概是因为right的原义中，比之"利益"更含有"道理"之意，"权理"作为译词较之"权利"更贴切吧。然而，到明治十年之后，"权理"渐被淘汰，"权利"保留下来了。

　　第三，转用古代汉语的词汇。"权利"这个词的转用就是一个典型的例子，当时日本的译者们也活用了这个方法。例如，"自由"一词，在《后汉书》（二十三卷"五行志"第十三）中出现有"百事自由"，其意思是"对于任何事情都可肆意而为"，而在《改订增补 英和对译袖珍辞书》中，将其原义转为对译liberty了。福泽谕吉也在其《西洋事情》一书的卷一中对"自主任意"加了如下注解：

> 本文中提到的"自主任意"，即"自由"一词并不是说可以无视国法，任意妄为，而是说所有在这个国家的人与他人进行交流的时候，无需拘谨过虑，而应充分发挥自己。英语中是指 freedom 或 liberty 的意思，只是尚未找到更为确切的词来译它。

由此可见，福泽谕吉是因为没有找到更合适的词，而转用了原意为"任意妄为"的"自由"这个词。再比如，《论语》里有"文学"一词，原义泛指学问，而西周讲授《百学连环》时，将该词转用来对译 literature。于是，"文学"这个译词，先造于日本，后来又反被中国吸收回去了。①

西周翻译了很多学术术语特别是哲学术语。森冈健二曾将西周所译的 1410 个词与明治七年以前发行的英和辞典的译词相对照（《近代语的成立——明治期词汇编》，明治书院，1969 年），将其结果分成两类：一是二者相重的部分有 623 个词；二是当时的辞典里没有收录、被认为是西周独自翻译的词有 787 个。前者的大部分（523 词），在诸桥辙次《大汉和辞典》里被注明是出自中文古典的；后者也就是西周发明创造的译词中，有一半（340 个词）源于中文古典，其余约一半（447 个）是新造词。源于中文古典的词已远

---

① 罗存德《英华字典》(1866—1869 年)已有 literature 和文学的对译，此处解释可能忽略了英华字典的作用。

附篇 明治初期的翻译——为何翻译？翻译什么？如何翻译？ 165

离其原义,例如"理性"在《后汉书》或《小学》里是指"修性"之意,在佛教中是指"万物之本性",而不是西方哲学 reason 的意思。与此相同,西周采用的中文古典词还有"意识"(《论衡》实知)、"观察"(《孔丛子》记义篇)、"分类"(张廷珪《弹碁赋》)、"演绎"(朱熹《中庸章句》序)等。此外,西周新造的词有"主观""抽象""定义""归纳"等。这些译词大多超出了哲学领域,至今已成为日语中不可缺少的学术用语的一部分。例如我们要表达"不使用西周的译词,就不可能观察现象、将之抽象化,也不可能对概念下定义、进行分类,合成为理性的命题。也就是无法进行总体的哲学思考",上述加点的单词都是西周的译词。至今人们早已忘记,它是否来源于中文古典,即便是来源于中文古典也不知其原义是什么,只有译词的意思保留了下来。日语由于吸收了明治初期的译词而发生了变化。也就是说如果没有以译词为主的近代词汇的话,就无法想象近代日本的社会与文化。

第四,新造词。西周的新造词如上所述,可见一斑。其造词法在他的《生性发蕴》(1873年)的注释里专门做过说明。例如,在其卷一的第一篇里,对译英语 psychology、philosophy、idea 的译词注里附有以下的解释:

> 性理学,英文为 psychology,法语是 psychologie,都是源自希腊语的 psycho(灵魂)或 logy(心)的意思。但与东洋的性理相比,西洋专指灵魂,而东洋则论述心性,两者是有差异的,然而大致相似,故直接译为性理。

哲学，英语是 philosophy，法语是 philosophie，均来自希腊语的 philo（爱）和 sophia（贤）之义，意为爱贤者，其学问称为 philosophy。亦即周茂叔[①]所谓士希贤之意，后世习用专指讲理之学。故直译为"理学论理"，为了避免同其他词发生混淆，现译为哲学，以区别东洋之儒学。

观念，二字出自佛典，在此书中用来对译英语的 idea、法语的 idée，其二者均来自希腊语里的 ιδέα 之意，即指存在于想象中的物像，又泛指出现在心中的一种理想，在柏拉图学派如"理"一般常见。

这种在注释里再加注，并将英语、法语用片假名来书写，注意不拖长英语的词尾，而给法语的词尾标注长音，说明作者对外文原文的发音很敏感。佛教语里的"观念"与"观想"同，佛法的观想是"观法"，而佛本身的观想是"观佛"，这些词语在佛典里频频出现。"性理学"及"观念"的译词，都是在追溯英语和法语的原义基础上，将其意思用汉字表示出来。"哲学"一词也是先说明英语和法语的原文，然后再指出后来的惯用意思与此有所不同，可直接译为"理学"。实际上井上哲次郎的《哲学字典》（明治十四年（1881）初版、

[①] 即周敦颐（1017—1073），又名周元皓，原名周敦实，字茂叔，谥号元公，今湖南省道县人，世称濂溪先生。是北宋五子之一，宋朝理学思想的开山鼻祖，文学家、哲学家。著有《周元公集》《爱莲说》《太极图说》《通书》等。其所提出的无极、太极、阴阳、五行、动静、主静、至诚、无欲、顺化等理学基本概念，为后世的理学家反复讨论和发挥，构成理学范畴体系中的重要内容。

十七年(1884)再版)已经普及使用之后,中江兆民还是很固执地将philosophie译作"理学"。西周回避"理学"而采用"哲学"是因为"理学"多与"其他领域发生混淆",才"译为哲学以区分东洋之儒学"。这实际指的是与宋学或朱子学的"理学"相混同的可能性。但在明治六年以前,physics或natural science的译词也是"理学"(例如,明治政府明治三年命名的"大阪理学所",其"理学"一般是指自然科学)。西周或许也意识到与此意义上的"理学"相混淆。无论如何,译者在选择译词时,总是要考虑西语的原词之义、现在用法的定义以及与其他译词混同的可能性等。所有这些考虑,对于那些直接将西语用片假名来表示的懒人来说,显然是毫无必要的。

西方概念就是这样转移到日语中去的。但是这些译词,并不是一开始就统一的。就同一个单词许多译者会有种种不同的翻译,多种译词也会共存于世。而最终走向统一的过程大概是受到以下三个因素的影响。其一是大众的喜好。例如英语的liberty译词,很早就被译为"自由"并应用开来,如庆应二年的《改正增补英和对译袖珍辞书》(1866年)。在此之后又加上了"自主""自在"和"不羁"等词(如加藤弘之在明治元年时用"自主"和"自在"、明治三年用了"不羁")。从明治六年左右至少在英和词典里开始统一被译为"自由"。这是一个统一得比较快的例子,其理由在于公众喜欢"自由"这个译词,自然而然也就固定下来了。其二是学会或其他民间的行业组织或团体的积极努力所致。例如《中外医事新报》里(第69号、明治十六年1月25日)就征求过读者对译词的意见,说:"明治维新以来每年出版的翻译书籍汗牛充栋,然而甲书和乙书译词不一,令读者大伤脑筋",从而"要逐步寻求译词的统一"。其三是政府的影响。政府虽然没有直接下令要求统一用语,但很多的法律用语在制定法律的同时便被统一了,这当是毫无疑问的。另外政府机关或国立大学所使用的特定译词对其普及也起了很大作用。如东京帝国大学设立了"理学部",那么作为一般自然科学的译词,"理学"也就稳定下来了。

不同的译词,其统一或稳定的时期也会不同。例如从英和辞典的收录年代来看,"自由"早,而"权利"晚(明治十年)。individual 的译词更晚,难以统一。但是从大体来看,大概在明治十年代(1877—1887年)统一稳定下来的译词比较多。

最为典型地反映以上情况的例子可以举英语 statistics 的翻译史吧。据冈松径"'统计'译词之考略"(《统计集志》第414号,大正四年(1915)8月)来看,明治二年开成所某英语教师编写出版的《统计入门》或《统计便览》的小册子 "是日本首次将 statistics 翻译为统计"的例证。政府是从明治四年开始在大藏省内设置"统计司"(后改为"统计寮")的,而在太政官正院内设立了"政表科",于是"统计"和"政表"两个译词一直并用,到明治十三年以后"政表科"改为"统计科",才统一用"统计"。"统计"一词见于中文古籍,是合计之意。这是挪用中文古典词义作为译词的一例。而"政表"则不见于汉籍,属于新造词。据说"statistik 在德语里是 staatenkunde,意为国家报告、国情咨询",基于此新创了"政表"这一译词。也就是说将原词分解为部分,就其各部分意思再用汉字来对译。但是"政表"虽近于 statistik 的原意,但与后来的用法却相差甚远。"统计"则未必关系到政治和国家,这大概是不久"政表"被归为"统计"的原因吧。

译词未必能准确地传达原词的意思。[①] 如果是某种专业术语或技术术语的话，让原词和译词一一对应，充分明确其意义，这种差异便会消解。例如：statistics 的译词定为"统计"，没有其它意思的话，日语的"统计"便成为表示英语 statistics 的记号。英语概念定义明确时，这个记号的指示概念也就准确。记号不管是用"统计"也好，S 也好，X 也好都没有关系，不存在翻译得贴切不贴切这样的问题，也不会出现由翻译而产生的歧义问题。欧几里得几何学这一概念，不论是用英语描述也好，用翻译后的日文记述也罢，其内容是完全一样的。但是，这仅限于该语词被还原成所指意义（denotation），并被明确定义的情况下。"统计"在这一点上可以成立，而其它"自由""权利""国民""国家"等则不能成立。因为这些词的原文和译词都无法还原到明确的 denotation（所指）上，总是伴随着间接的可以联想的附加含义（connotation）。原词和译词之间的重大歧义就是发生在 connotation（附加含义）的层面上。一种文化建构在翻译上，其实就是把异文化的概念含意加以改变重新构筑在另一种概念之上。

在附加含义上产生歧义的一种结果就是，或褒义词译成贬义词，或反过来把贬义词译成褒义词。英语的 right 和其译词"权利"之间，有着无法避免的含义上的差异（德语和法语也一样）。right 不仅有权利的意思，还有右侧或者正确的意思，不论哪一种都是作为褒义使用，没有用于贬义的。然而"权利"的"权"让人容

[①] 参见本书第 1 章第 11 节"翻译与激进主义"。

易联想起权力、权势这些词,而"利"则让人联想起利益、利己等意思。这些联想的内容,更倾向于贬义。作为语言来看外语原词和译词之间存在着这种差异。而且英语圈国家的社会习惯是,个人或者组织主张其权利是理所当然的事;而在日本的文化下,别说今天,在明治初期更是将主张"权利"屡屡视为缺德的行为,至少被看作是不值得称赞的事。在这一意义上讲,箕作麟祥在明治三年将droits civils 翻译成"民权"向政府的民法编纂委员会展示时,就有个委员质疑:"人民怎么会有权?"并且就此展开了激烈的讨论。这件事算是具有象征性意义的吧(史料Ⅱ-4)。原词和译词的connotation(附加含义)上的分歧,鲜明地反映出两种社会习惯、两种文化和两种价值体系的不同。

还不仅仅是这些。在英语中,例如 human rights 或者 rights of war,常将 right 用作复数。可作复数用就说明它是可数的具体事物的集合。如果有必要的话,在英语中像 human rights, such as……这样能够列举出许多具体的个别的 right(权利)来。然而日语(中文也一样)的"权利"没有复数。并不是不能说成"诸权利",但那是例外。像"人权"或"交战权"这类,习惯上不用复数形式。没有复数,就意味着"权利"这一概念不是具体的、能列举的,且具有清晰轮廓的事物的集合。我们的"权利"指的是当事者所处的立场和整个有利的条件,主张权利则意味着扩大自己的利益。然而,在集团志向性很强的社会里,自己的主张,不管其内容如何,常常在伦理上被视为不守规矩的行为。当然,没有复数是日语(中文也一样)固有的性质,不是任何一个译者的责任。但是像 rights 这样用复数形式可以表示很多概念的含义,反倒因我们这种单复数之别暧昧的译词没法得以体现，这一现象有必要引起我们注意。

不仅是新造的词语，在转用古典词的时候，很多情况是几乎忘掉了原来的意思，但又并非完全忘记。福泽谕吉敏锐地意识到，译词"自由"不能不让人容易联想到"任性，随心所欲"这层意思。英语中 liberty 并没有不好的意思，但是日语里的"自由"至今仍然伴随着否定的意味。当然自由民权运动抬高了"自由"的意思，但那是运动的旗帜，是一时的。时代的趋势一旦发生变化，比如在 1930 年代，那种充满极端国家主义的时代里，"自由"甚至更接近于卑微的语词。这也正鲜明地反映出那个时候"自由"在日本社会中的价值，与译词是否稳定下来无关，其本身就没有获得一个安定的位置。

另外，依据古典也好，不依据古典也好，依靠汉字的组合而造的译词，与日常用语相差甚远。特别是抽象的学术用语，正如内田义彦[①]不断指出的，和西方语言相比，社会科学的用语与口语的乖离更为显著。西周发明的哲学术语就是典型的例子。"哲学""观念"这些译词，可追溯到希腊语的词源上，译得实在精彩，也完全融入近代日语之中。但是在同时代的日常英语中，philosophy 并非表示学问，时常用于表示看法或者想法或者原理等意思。按照内田义彦的说法，在这里日常用语和学术用语相互联系。但是这种联系在译词中是没有的。在英语中，伯特兰·罗素的 philosophy 和邻居的面包店的 philosophy 这两种说法都可以。同一词语的

---

① 内田义彦（1913—1989），日本经济学家。专业为经济学史、社会思想史。以研究亚当·斯密、卡尔·马克思以及近代日本思想史而著称。著有《社会认识的过程》，考察了日本的社会科学的认识过程。

意思当然有所不同,但是并非没有联系。然而在日语中,可以说西田几多郎的"哲学",但是不能说邻居面包店的哲学。哲学是大学的专用词汇,而不是普通老百姓的语言。"观念"和 idea 的不同也非常显著,idea 确实是来自希腊语,是柏拉图哲学的基础概念。但是本来也是常见的日常用语。比如"她现在在哪里?""我完全不知道"(英、德、法语都一样,no idea, aucune idée. Keine Idee)。这种用法在日语的"观念"中并没有,"我完全不知道"并不能够说成"我完全没有观念"。

为什么日语中的日常用语与学术概念之间缺乏关联?内田义彦认为用近代日语进行思想创造时总是伴随着某种局限性。其极端表现就是德国观念哲学的日语翻译。从康德到海德格尔都是如此,读翻译难以理解的理由之一就是,例如德语中的 das Sein 是和日常用语的动词 sein(日语的"である",中文的"有"或"是")相联系的,而日语译词的"存在"完全与日常用语没有关系,也就是与生活感情、文化基础断绝了关系。我赞成内田义彦的观点,翻译文化的问题在这里便关系到了文化的创造性问题。

3.2 关于文章文体

译者们用汉语词来翻译概念,并用汉字组合来新造词,于是多数情况下,为了协调译文的风格,他们采用了一种深受汉文训读影响的一种文体,权且称作"汉文体"吧。这种文体有几个特征:第一,承中文古典的特性,简洁。在近似口语的日语文体中找不出这种简洁;第二,语调上有轻重缓急,文章脉络流畅,构成这一脉络的多是一些定型表达（比如"然而""何况"等），还有多用对偶句和中文古典中的故事成语以及比喻等；第三，这一文体对于明治初期的读者也是很熟悉的，容易明白，至少给人以这一印象。但是偏离日常的口语。

但是，第一和第二两个特征，即简洁和文章的脉络流畅都与文章的结构内容没有关系。反倒是一方的完善多伴随着另一方的牺牲。而翻译西方文献的目的就是要传达其叙述的内容和展开的议论，所以，汉文体总有些不符合其目的的一面。再看第三个特征，对于习惯于汉文训读体的知识分子来说固然容易理解，但对更广泛的读者来说却未必如此。而译著的大部分都是要超出传统的知识分子的圈子，对应更为广泛的读者层的要求。翻译的时代就是为了满足大众好奇心的时代。汉文体的译文对于扩大读者而言并非是一个合适的手段。实际上汉文体中的汉语词常常要用口语施以假名对译，或用夹注补充一些日常用语来解释，而这只不过是暂时的应对。这说明，对于大多数读者来说，汉文体已经未必是通俗易懂的了。

福泽谕吉其实早已看透了汉文体的这一局限性，他认为最当务之急是要把《西洋事情》传播给大众，把《文明论概略》展示给那些非儒学家的、有知识的读者层。他有明确的目的意识，比起修辞法，展开论说更为重要，与其追求语调的美感，更重要的则应该是通俗易懂的正确理解，把文章写得尽可能地接近日常日语，其最初的作者正是福泽。

但是，除了福泽以外的明治维新前后的翻译家们几乎都是用汉文体。其中最讲究修辞技巧，译文流畅、简洁明快的译者是翻译

《欧洲文明史》的永峰秀树。"法国基佐原著、美国亨利译述,日本永峰秀树再译"刊于明治七年(1874)(史料Ⅰ-4)。此书在当时广为阅读的理由之一显然是译文的魅力,而且在后来的史家之间也被称为名译,都是出自同一理由吧。的确,通读其译文能感受到一种通畅之感。但是,对照法文、英文、日文的话,最突出的就是文体的不同。法文本来是基于讲演而成的简明的口语;英文将之改成19世纪的文章体,其文章复杂,文体沉重,进展缓慢。汉文体的日文在脱离口语这点近似英文,但与英文不同的是,如译者所喜好的"挑鞭一响把马拍"那样,文采飞扬,一骑绝尘。根本不去参考法语原文和文体,只是专注于将汉文体本身写得更为流畅。

为了写出流畅的汉文体,永峰所采取的手法是将英文原文的一部分省略简约,插入原文所没有的成语,除了慎重保留原文外,行文多成结论式的了,这种例子不胜枚举。而且省略掉了重要的论说部分的内容,比如下面的英文原文:

> we are accustomed to hear called the philosophy of history—which consists in showing the relation of events with each other—the chain which connects them—the *causes* and *effects* of events

他将之翻成一句话:"厘清兴废存亡的脉络,并将之叙述得清晰的,世称史理"(廃興存亡ノ脈理ヲ条達シテ明カニ之ヲ説クモノ、是ヲ世ニ史理ト称ス),下划线部分只相当于"廃興存亡ノ脈理"。这种译法只表达了原文的前半部分,而且原文的要点不是讲事物之

附篇　明治初期的翻译——为何翻译？翻译什么？如何翻译？　　175

间的相互关系,而是指出其因果关系,正因为如此,才将原因和结果二词用斜体表示出来(斜体为英文译者所加)。在"历史哲学"中(且不管其内容该如何解释),原因结果的连锁无疑是一个决定性的重要概念吧。

汉文体中儒学的词汇用得越多就越流畅。比如,"人类理念向着除去私欲之仁慈之路进步"(人類ノ趨向日月ニ人欲ノ私ヲ去リ仁慈ノ道ニ進步スル)的确很流畅,可是其原文是 the progress of the human race towards realizing the idea of humanity,日译中的"人类理念"不是"除去私欲"的"仁慈之路"。因为"私欲"是包含在其中的。这有点近似误译了。如果将这种做法推行到极致的话会怎么样呢？日译在后面一段出现一个简洁的对仗句:"之ヲ大ニシテ富国强兵、之ヲ小ニシテ人民ノ權利ニ甚遙庭ナキ……(大力推行之则富国强兵,缩小之则人民权利不相径庭……)",可是原文作者基佐真是鼓励"富国强兵"了吗？原文如下,比译文要长:

> On one hand there is a manifest increase in the power and well-being of society at large; and on the other a more equitable distribution of this power and this well-being among the individuals of which society is composed(一方面,整个社会的力量和福祉明显增加;另一方面,在组成社会的个人中,这种权力和福祉得到了更为公平的分配)

日译对比的是国家与人民;而原文对比的是社会和个人。这里的 power 是一般的能力,不是兵力,well-being 也未必是表示富国。原文里根本找不到"富国强兵"的意思,完全是译者的牵强附会,与其说是误译,倒不如说是歪曲了。译文一旦从歪曲原文起步,就没法再按照原文译下去。而且 a more equitable distribution 是"更为公平"的意思,译者译成了"甚不相径庭",这里的"甚"到底修饰到哪里,从译文中看不出来,这姑且不论。把"兵力"公平地分配到每个人不成意思;把"国富"公平地分配到每个人手里又意味着一种过激的社会主义了。于是,译者只好拿"人民的权利"来作为分配的对象,可原文中没有"人民",也没有"权利"。为什么会产生这种情况呢?因为要用汉文体那套现有的概念框架来叙述,所以从儒家的用语到明治社会的标语都如此。其背景当然还有一点:站在明治天皇制国家的臣民这一立场上,要想理解西方的个人主义社会的思想,特别是美国的独立宣言和法国大革命的人权宣言以后的思想,还是有不少障碍。这点反映在永峰翻译里颇具典型,但当然不仅限于永峰的这种情况了。

原文为判断句时,译文也翻作同样的句式,这种倾向随处可见,不仅是日语译文,中文译文也很明显。比如,拿《万国公法》的英文原文和丁韪良的中文翻译以及重野安绎的日文翻译来做比较便会一目了然(史料Ⅰ-1)。就一国对外主张的主权,英语说成 may require recognition by other States, 中文译作"必须他国认之";日文则按汉译说成"必ズ他国ヨリコノ国ヲ認ムルヲマッテ",这里的 may 变成"必ズ"。再比如,因内战人民不支持政府时,英文为 Does not necessarily extinguish the being of the States, 其汉译是"不致其国至于亡也";日译则是"其国亡滅スルニハ至ラザルナリ",都是较原文断定性更强。这当然也跟传统的

修辞法的定型表达有关吧。但不限于此,肯定是因为信息或判断的准确程度上,没有欧美那么意识敏锐。否则的话,不会将 may require 译作"必须"吧。

有关数量的翻译,重野虽说依据中文译本,但还是在一些地方有意地译成复数表达形式。比如,中文译成"国""邦国"之处,日文则译为"诸国""国国"。日本的译者不去关注"国"或"邦国"的概念内容之别,倒好像对其是否为单数复数很敏感。当然并不是每个地方都强调出复数来。

所谓接续词,英语的 and 和 or 和 if then 以及 not,英文与译文之间用法差距大的是 or,而其他三个词不甚明显。译文中常常省略 or,比如原文的 province or colony 中文译作"省部",日文亦随之。此处之所以省略了 or,可能是因为 province 和 colony 之间的区别不甚明了。《万国公法》里说:地方或殖民地宣布独立,并显示其维持独立的能力时,其他国家是否承认之是政策问题。而问题的决定必须依照 The sovereign legislative or executive power of these other States,— Not by any subordinate authority, or by the private judgment of their individual subjects,这里出现的两处 or 既没有被汉译出来,也没有被日译出来。日译(汉译亦同)在说"法ヲ制シ法ヲ行フノ全権アル国"时,"法ヲ制シ"与"法ヲ行フ"的关系是 and,而不是 or。而"在下ノ臣民ナドノ敢テ決断スル所ニ非ズ"这一译文又省略了 any subordinate authority。这本是表示下级政府机构,并不包含在"在下ノ臣民"之内。一般来说,"或者"和"以及"在叙述上是密切相关的,"或者"被省略得多了,也就是说没有明确意识到逻辑叙述上"以及"的意思。如果是作为法律上的议论的话，那可是不容忽视的问题。

　　逻辑上的缜密性出现翻译的难点并不仅限于其用词上。再比如，明治五年（1872）加藤弘之将约翰·卡斯帕·布伦奇利（Johann Caspar Bluntschli, 1808—1881）的 *Allgemeines Statsrecht* 翻译为《国法泛论》，也好像并没有充分理解原著的议论，即同一对象如改变观点（Standpunkte）来观察的话，会呈现其不同之处（史料Ⅰ-3）。比如他在该书"绪论"开头部分的议论说："国法"（Statsrecht）和"国政"（Politik）两个词都是以同一国家为对象，但观点不同。还有一处是从其自身的立场来看教会法，还是从国家的视点来看国家与教会的关系，就其不同所展开的议论翻译在"绪论"的第三条上。一看原文便一目了然，可是看加藤的翻译，读了几遍仍百思不得其解。

　　关系到叙述的条理性方面，彼我之差较为显著的一点是分类法（classification）。将所赋予的几个概念的总和（集合 N）分为 A 和 B 两个范畴时，为了分类整齐不使概念相互之间的关系发生混乱，还需要三个条件。第一是没有属于 A"以及"B 的概念。如果有几个这种概念的话，就无法用这一分类法来相互区别，也就是没有避免相互概念的混同；第二是属于 A"或者"B 的所有概念都应该归属于 N，若非如此的话，分类就不是 N 的分类，还关系到 N 以外的要素；第三是属于 N 的概念都应该属于 A"或者"B。如果不是这样的话，被赋予的整体中就会留下分不成类的概念。这三个条件都是要用"以及"和"或者"来明确定义的，所以，在对"以及"和"或者"没有敏锐意识的文化中，这一点在与西洋文章的对比下，也就反映在我们前面举出的译文里，由此也发展不出什么清晰整齐的分类法来。当然,分类常常是在任何地方都有的,中国和日本的文献中不用说这种例子有很多。但是其大部分都不是那么逻辑性强的。

比如,矢野文雄举出"五常"的例子(史料Ⅱ-1),认为"仁、义、礼、信"这四种是"人类交际的规则";而"智"则属于"人的能力"之类的。将这五种并列正是反映了"东洋类别法的松散"的一面。"五常"之德相互并不排除,重叠的也多,所以无法明确各自的德的概念。而且"五常"也没有明确告诉人们这是包含了所有的德,还是不尽其然。再深究的话,属于"五常"中的其中一项,并不能保障总是属于德的,那些诡计多端的人物也会大行其恶的吧。

> 虽然东洋自古也不是没有分类法,但在比较印度以西的欧美各国实施的分类法后,便可看出东洋的之疏漏,可以说几乎没有分类。

说这句话时,矢野33岁,他自己按照西洋的分类法将译著分得十分漂亮。他,矢野文雄绝不仅是《经国美谈》的作者,正是在其注意到东西分类之差的这一慧眼里,我们可以看出西方思想对近代日本知识分子予以的最为深刻的影响吧。

图书在版编目(CIP)数据

翻译与近代日本/(日)丸山真男,(日)加藤周一著;陈力卫译.—北京:商务印书馆,2024(2025.8重印)
(日本学术文库)
ISBN 978-7-100-23070-4

Ⅰ.①翻…　Ⅱ.①丸…②加…③陈…　Ⅲ.①翻译－语言学史－研究－日本－近代 ②日本－近代史－研究　Ⅳ.①H059-09②K313.41

中国国家版本馆 CIP 数据核字(2023)第 185609 号

权利保留,侵权必究。

日本学术文库
翻译与近代日本
〔日〕丸山真男　加藤周一 著
陈力卫 译

商 务 印 书 馆 出 版
(北京王府井大街 36 号 邮政编码 100710)
商 务 印 书 馆 发 行
北京市艺辉印刷有限公司印刷
ISBN 978-7-100-23070-4

2024 年 6 月第 1 版　　　　　开本 850×1168　1/32
2025 年 8 月北京第 2 次印刷　印张 6¾
定价:38.00 元